6歳までにわが子の脳を育てる90の方法

脳科学と子育て研究会

講談社

まえがき

私たち人間の脳に関する研究が、いま、飛躍的に進歩しています。

これまでの脳研究は、死体の脳を解剖したり、動物実験から推測するといった方法に頼るしかありませんでした。しかし近年では、ＰＥＴやＭＲＩなど画期的な計測装置が開発されたことにより、「生活脳」、つまり生きている人間の脳の様子を詳細に観察することができるようになったのです。これらの装置を用いると、人間が考えたり、何かをしているときに、脳のどの部分が、どのように動くかを目のあたりにすることができ、脳科学の現場では、いまこの瞬間にも、複雑な脳の構造と機能が解明されつつあります。こうした最新の研究成果のなかには、驚くべき事実が数多くあります。いくつかあげてみましょう。

「脳の基礎は、六歳までにつくられる」

脳の容量はだいたい六歳までに、成人のほぼ九〇パーセントに達します。また、生まれたばかりの赤ちゃんの脳には、実は大人より多くの神経細胞があるのですが、その大規模で重要な選別がこの時期に行われます。脳は情報処理に必要な神経細胞や回路を「いったんつくっておいて、あとから要らないものは捨てる」という形で発達を遂げるのです。

「脳の良し悪しは、遺伝よりも環境の影響が大きい」

かつて、頭のよさや音楽的センス、コミュニケーション能力、ガマン強さなど、才能や性格は遺伝的要因によるものだと考えられてきました。しかし脳科学者の多くは、むしろ子どもの能力は、育つ環境や経験・刺激によって、決定される部分が大きいといいます。

「臨界期は、一生に一度しか訪れない」

子どもの脳が、音や言葉や感覚といった刺激の影響を集中的に受ける時期を、脳科学の世界では「臨界期」といいます。脳にとって非常に重要なこの臨界期は、一生に一度しか訪れません。臨界期は機能によってさまざまですが、だいたい六歳までのあいだに、その子が経験したこと、おかれた環境が、その子の一生を左右する脳をつくるのです。

……私たちは、こうした知られざる脳の世界について、最前線で活躍する脳科学者たちから話を聞くことができました。そのなかには脳の構造や発達に関する専門的知見だけでなく、日々の子育てにすぐさま活かせる具体的な話もありました。たとえば、

「子どもに朝の光を浴びせると、その光を脳が感知し、体のリズムが正常に整えられる」

「外国語を十一歳までに習得した人と十二歳以上の人では脳内の情報処理の仕方が違う」

「ポリフェノールは大人には健康的でも、子どもは要注意」

といったものです。「脳科学と子育て研究会」は、現代の子育てをめぐる状況に危機感

を持つ教育者、ジャーナリストなどによって、二〇〇五年に結成されました。これまで脳科学者や医師をはじめとする多くの方々に取材を重ねています。そのなかで、脳に関する最新の研究成果と、実際の子育てに活かせる具体的な知恵を、できるかぎり集め、まとめたのが、この『6歳までにわが子の脳を育てる90の方法』です。脳の基礎づくりが行われる六歳までのあいだに、親は何をすべきで、何をすべきでないのかを、本書では全八章にわたって多角的に取り上げています。脳を創る食事法から学ぶ力の基礎づくりにいたるまで、どれも今日からでも実践できるものばかりです。

本書を作成するにあたり、取材にご協力いただいた科学者・研究者は以下の通りです。

＊ 宮内庁皇室医務主管　金澤一郎氏
＊ 東京北社会保険病院副院長　神山潤氏
＊ 独立行政法人理化学研究所脳科学総合研究センター　津本忠治氏
＊ 大阪大学名誉教授　中川八郎氏
＊ 国立精神・神経センター神経研究所　中村克樹氏
＊ 埼玉大学教育学部准教授　野井真吾氏
＊ 東京大学大学院新領域創成科学研究科准教授　久恒辰博氏

＊　独立行政法人理化学研究所脳科学総合研究センター　ヘンシュ貴雄氏

（五十音順）

このほか、幼稚園の教諭・保育園の保育士、ＮＰＯで活躍する方々にも貴重な現場の声をうかがいました。この場を借りて御礼申し上げます。

脳に関する研究がめざましい進歩をとげているとはいえ、まだ脳のすべてが解明されたわけではありません。脳研究の最前線にある科学者ほど、成果を実際の子育てや教育現場に活かすには、さらなる研究とデータ収集が必要だといい、とくに子どもの脳の調査・研究に対する親たち・子どもたちの理解と協力を求めています。その結論が出るのは、何十年も先のことでしょう。しかし現時点でも脳科学にいえることは数多くあり、本書では目下研究中の事例も含めて紹介することにしました。

ここにまとめた「脳を育てる90の方法」は、脳科学的見地からアプローチした子育て法として、これまでにないものと自負しております。本書が、わが子の健やかな成長を願い、子育てに悩める多くの親たちに読まれることを願ってやみません。

二〇〇七年十月

「脳科学と子育て研究会」

６歳までにわが子の脳を育てる90の方法　目次

まえがき　1

第一章　脳科学が証明した「六歳まで」

1　脳の基礎は五～六歳までにつくられる　16
2　環境や刺激が、その子の「脳内マップ」をつくる　21
3　最新の脳科学でわかった「氏より育ち」　25
4　大切に育てられた子どもの脳はやわらかい　27
5　脳にとって大切な時期は、一生に一度しか訪れない　30
6　臨界期の脳に与えるべき刺激とは？　32
7　「こうしたから、こうなる」をやわらかい脳に教える　35
8　まずはわが子を「見る」こと「観察する」こと　37

第二章　「早寝・早起き」を脳科学する

9　人間の「体内時計」は二十四時間より長い　40

10 子ども部屋には朝の光を！ 45
11 夜のホルモン「メラトニン」が子どもを老化から守る 48
12 一歳から五歳までは寝室は暗くしたほうがいい 51
13 朝の「セロトニン」は子どもの脳の土台をつくる 54
14 歩いて、走って、噛んで、セロトニン神経系を活性化させる 56
15 早寝・早起きは、脳内物質の分泌にも好循環をもたらす 60
16 遅寝・遅起きで「万年時差ボケ」に 62
17 睡眠不足は子どもも大人も肥満にする 64
18 寝る時間が遅い子どもは学力が伸びない 67
19 日本の子どもは「なんとなく」夜更かししている 70
20 なんとなく夜更かしの悪循環を断ち切る「入眠儀式」 73
21 添い寝をするなら静かな暗い寝室で 76
22 赤ちゃんの手足が温かいのは「眠れ」のサイン 78
23 毎日同じ時間に寝ることを習慣づける 80
24 午前中に眠くならなければ「ちょうどよい睡眠」 84
25 昼寝は午後に十五分。眠かったら眠り、眠くなかったら眠らない 86
26 まずは「早起き」からはじめよう 88

第三章　コミュニケーション脳力の高め方

27　見つめられたら、見つめ返す　92
28　「指差し」は、言葉以前のコミュニケーションツール　96
29　自己・他者・対象物のトライアングルで、自他の認識を育てる　99
30　「それ、ちょうだい」「半分こ」が思いやりを育む　103
31　相手の立場に立って考えられるのは四、五歳から　106
32　脳は放っておいては絶対に育たない　110

第四章　「学ぶ力」の基礎づくりは六歳までに

33　生後六ヵ月までの赤ちゃんはLとRの発音の違いがわかる　114
34　「語りかけ」が赤ちゃんの脳に言葉のデータベースを築く　117
35　真似は、言葉の「概念」をとらえる大事な訓練　120
36　「私とあなた」がわかって初めて、言葉はおぼえられる　123
37　バイリンガルの脳を育てるタイムリミットは十二歳ごろ　125
38　英語はビデオ教材より「生身のネイティブ」に習うほうがいい　128
39　音楽の道も、本格的に目指すなら早いうちに　131

40 「脳にいい」幼稚園・保育園の選び方 134

第五章 がんばれる脳とカラダの鍛え方

41 立っていられない・座っていられないのは、体幹筋力の低下が原因 140
42 雑巾がけで背筋力を鍛える 145
43 赤ちゃんは「ハイハイ」で人間的筋力を鍛えている 147
44 カラダの「やわらかさ」を親子で鍛えよう 149
45 「行動体力」と「防衛体力」の両方が必要 151
46 昔より衰えている今の子どもの体力とは？ 154
47 子どもの平熱が低い場合は要注意 158
48 ヤル気がない子を生む自律神経の異変 162
49 「ちょっぴり不便な生活」で自律神経を鍛える 167

第六章 脳がよろこぶ遊びの技術

50 「みんなで遊ぶ」がアタマをよくする 172
51 遊びの参考書は「昔あったもの・昔やったこと」 175

52 発達期の脳は「興奮」と「抑制」のバランスが大事 178
53 子どもの心の実態を探るGO／NO－GO実験 183
54 「そわそわ型」「抑制型」の脳を持つ子どもが危ない 186
55 興奮性細胞を育てる「じゃれつき遊び」 190
56 相撲・綱引きが落ち着きと集中力をもたらす 193
57 大自然と遊ぶにも「遊び方」がある 195
58 ゲームの刺激は「前頭連合野」を素通りする 197
59 テレビ・ビデオを長時間見せると言葉の発達が遅れる危険が 199
60 女の子より男の子が危ない 203
61 今の子どもに必要なのは、しつけより遊び 205

第七章　子どもの脳を創るための栄養学

62 ブドウ糖が切れると三分で死滅する脳細胞 208
63 朝ごはんを食べた子どもの成績がよくなる理由とは？ 210
64 朝ごはんには、アミノ酸バランスのいいごはんがオススメ 212
65 脳のピンチを救う肝臓のバックアップシステム 215
66 一日三食のうち二食は脳のための食事 218

67 朝ごはんによる体温上昇が、脳細胞の活動をスムーズにする 220
68 ビスケットやプリンのおやつで、午後の脳に栄養補給 224
69 子どもの脳に、もっと甘いものを！ 226
70 肉・魚・卵など「タンパク質のおかず」が脳をつくる 228
71 良質のタンパク質が、脳内の「神経伝達物質」をつくる 230
72 「脳にいい」サプリメントは脳の関所「血液・脳関門」を通れない 234
73 赤ちゃんの脳には栄養も有害物質もすべて運ばれてしまう 236
74 脳の「輸送体」がスムーズに機能するための食事 238
75 寝る前の一杯のホットミルクが「セロトニン」を増やす 240
76 脳にはオリーブオイルよりゴマ油がいい 242
77 魚のDHAが脳を「やわらかく」する 244
78 サプリメントで摂ったDHAは脳細胞を老化させる 246
79 脳には大事なコレステロール 249
80 子どもにとって納豆はDNA修復作業を邪魔する要注意食品 252
81 大豆が男の子を女の子化させる？ 254
82 水分補給にはお茶より水やジュースを 256
83 カレーの食べすぎが注意欠陥・多動性障害の原因に？ 258

84 煮干のカルシウム、ホウレンソウの鉄は脳内の情報伝達を活発にする 260
85 ほどよい量のビタミン類が脳には欠かせない 263
86 「脳のための栄養学」はアタマを「よく働かせる」ための栄養学 265

第八章 脳を育てるしつけの方法

87 ガマンは「人間らしさの脳」前頭連合野を育てる 270
88 子どもは「その場で叱れ」の脳科学 273
89 「計画性」も前頭連合野の発達とともに育まれる 275
90 親の笑顔が、脳のごほうび「ドーパミン」を分泌させる 279

「脳科学と子育て研究会」とは 284

6歳までにわが子の脳を育てる90の方法

イラスト　長崎訓子
装丁　坂川栄治＋田中久子
（坂川事務所）
図版デザイン　山口勉
（プライマリー
グラフィック）
構成　橋本紀子

第一章　脳科学が証明した「六歳まで」

1

脳の基礎は五〜六歳までにつくられる

脳科学の世界では、この世に生まれた子どもの脳が、ある程度かたまるまでの時期——俗にいう「やわらかい脳」である時期を、「臨界期」といいます。英語では「クリティカル・ピリオド（critical period）」といい、これが脳の発達にとっては極めてクリティカル、つまり「決定的」で「重要な」時期なのです。ただし、その時期は何歳何ヵ月になったら急にやわらかくなくなるというような明確な境目があるわけではなく、かなり幅があるので、「臨界期」というよりも「感受性期」と呼ぶほうがいいという脳研究者もいます。本書では、その意味も含めて、「臨界期」という言葉を使います。

この時期、人間の脳の組織は環境や行動によってさまざまに変化する「可塑性《かそせい》」を持っています。一般にも彫塑《ちょうそ》という言葉がありますが、たとえば粘土をウサギの形につくると、その粘土はだいたい手を放してもウサギの形のまま。可塑性とはこのように、ある物質が何かの形に変化するだけのやわらかさを持ち、それが後々まで維持されるような性質のことをいい、臨界期というのは脳の可塑性が非常に高い時期なのです。もちろん小学生

や中学生、大人になっても、脳は常に変化し、完全にかたまってしまうことはありませんが、おおかたの目安としては五～六歳、保育園児・幼稚園児のころまでに、脳の容量は成人のほぼ九〇パーセントに達し、生きていくのに最低限必要な脳の基礎がつくられます。その後は、だいたい十二歳くらいで脳は成人レベルまで成長し、より知的な活動が可能になります。

ここで脳の成り立ちについて、簡単に説明しましょう。

赤ちゃんが誕生したその瞬間から、いや、受精後しばらくからすでに、脳のなかではすさまじいまでの「分裂」と「消滅」が繰り広げられています。生まれたばかりの赤ちゃんの脳には、そもそも大人よりたくさんの「神経細胞」があるのですが、日々、その「淘汰」が行われているのです。

脳の神経細胞、いわゆる「ニューロン」からは、「軸索《じくさく》」という出力用の線維《せんい》と、「樹状《じゅじょう》突起《とっき》」と呼ばれる入力用の枝状の突起が出ていて、これらを伸ばして網目状のネットワーク「神経回路」をつくっています。そして、各ニューロン同士が電気信号をＯＵＴしたりＩＮしたりして、情報のやりとりをしているのです。この軸索の末端にある、ある信号を次の細胞に伝える接合部を「シナプス」といい、その数にしても生後八ヵ月くらいまでは驚異的なスピードで増加し、その後は一転して消滅していきます。

図1：脳の情報ネットワーク

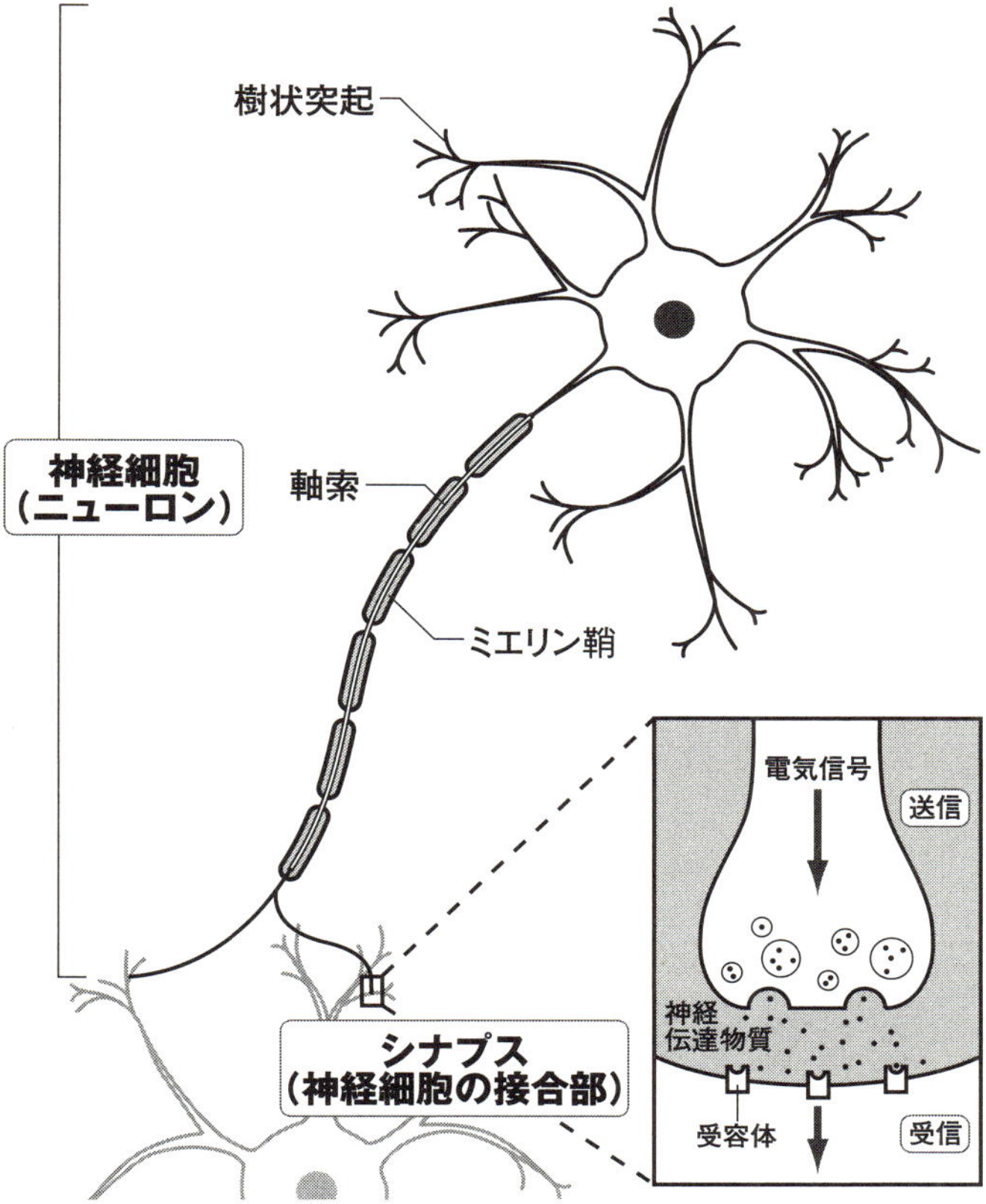

脳内の神経細胞は互いが情報を交換しながら「神経回路」という情報ネットワークを築いています。情報を受け取る部分を「樹状突起」、情報を送る部分を「軸索」といい、情報は細胞では電気信号として、シナプスでは神経伝達物質として変換され伝達されています。「ミエリン鞘」は絶縁体の役割を担い、情報効率のスピードアップに一役買っています。

消滅というとよくないイメージがありますが、要るものと要らないものを選り分け、要らないものは捨てて、要るものを残すことは非常に大事で、そうでなければ脳は混乱してしまいます。この「要らないもの・使わないものは消滅し、要るもの・よく使うものは残る」というのが、脳を理解するうえでの重要なキーワードで、ニューロンにしてもシナプスにしても神経回路にしても、使われるものは育ち、使われないものは育ちません。

たとえるなら、庭の植木。伸ばしたい枝とそうでない枝の「剪定《せんてい》」をして初めて、美しい植木は成ります。「いや、うちの子は、原生林の自然木のように、どの枝もすくすく、伸び伸びと育てたい」という希望を抱いても、脳に関していえばそれは無理なのです。

いってみれば、その子が生きていくうえで必要な神経回路や細胞の基本的な選別・淘汰・剪定が集中的に行われるのが「臨界期」。どんなに「決定的」で「大事な」時期かは、いうまでもありません。

2

環境や刺激が、その子の「脳内マップ」をつくる

「使われるものは育ち、使われないものは育たない」といいましたが、臨界期の「やわらかい脳」は、環境次第、刺激次第、経験次第です。

赤ちゃんの脳のなかでは爆発的ともいえる神経細胞や神経回路の形成と消滅が起こっていて、「いったんつくっておいて、あとから適当なものを選択する」のが、脳の基本的な発達過程。もちろん遺伝もありますが、臨界期に与えられた環境や刺激、行動パターンや経験値によって、「使われなかった＝電気信号の伝わらなかった」シナプスや神経回路は消失し、「よく活動した＝頻繁に信号の交信が行われた」シナプスや神経回路はより発達するという形で、その子の脳のなかの情報処理システム、いわば「脳内マップ」は、だんだんにその子なりのオリジナルなものとして組織化されていきます。

たとえば人間は、同じ人間の顔は区別できても、サルの顔はよく区別できません。サルはあくまでサルであって、よほど見た目に特徴のあるサルなら別ですが、サルの顔を全部正確に見分けることは、動物園の飼育員のような「プロ」でないと難しいものです。

ところが人の顔は、ほんのちょっと目や鼻の形や大きさが違ったり、顔全体の輪郭や各パーツの配置バランスが違うだけで、その顔は「その人」で、あの顔は「あの人」だと、見分けることができます。また、同じ人間でも、日本人は日本人の顔の微妙な違いであっても見逃さないのに対し、アメリカ人には「日本人は日本人」に見えていたり、ともすれば中国人や韓国人などと十把ひとからげに「アジア系」に見えていたりもします。

それらはすべて、その人が生活するうえで「何が大事な情報か」が関わっています。サルの顔を識別することは、動物園にときどき遊びに行くだけの人間にはほとんど重要ではありませんが、人間社会に住む人間にとっては人間の顔、日本で生活する日本人にとっては日本人の顔を、とりあえず区別できることが必要になります。そうした自分の置かれた「環境」が、脳内の情報処理システムを「人間の顔、日本人の顔をより区別しやすい脳内マップ」に、知らず知らずのうちに組み替えているのです。つまり「サルの顔を識別する脳内マップ」は、動物園職員でもない限り必要がないため、「淘汰」されるわけです。

そして面白いことに、ある実験によると、生後六ヵ月くらいまでの赤ちゃんは、サルの顔に関しても人間の顔と同じように、個体を区別して見ていることがわかっています。脳とはそもそも、ものごとを「区別して認知」する形で情報処理をするため、赤ちゃんは自分が目にした対象に関して、それがサルだろうと人だろうと「ひとつの個体としての差や

図2：大脳皮質の領域ごとに異なる役割

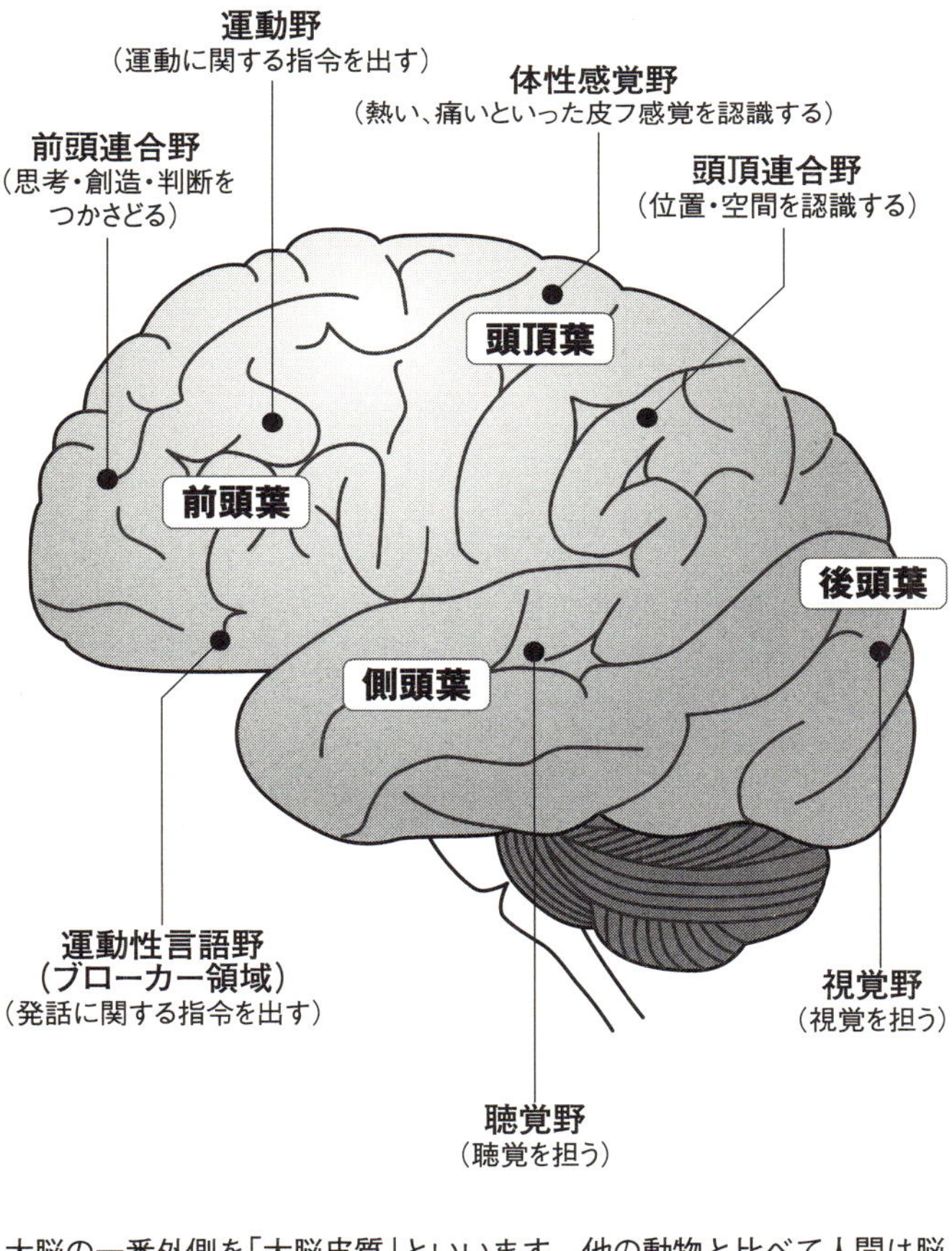

大脳の一番外側を「大脳皮質」といいます。他の動物と比べて人間は脳全体に占める大脳皮質の比重が大きく、「思考の脳」「英知と人間らしさの脳」ともいわれています。大脳皮質は「前頭葉」をはじめとする4つの領域にわかれており、各領域ごとに高度な情報処理を行っています。

違い」を見極めようとし、脳のなかでもサルも人間も関係ない「区別→認知」の情報処理が行われているのです。

しかしそれが、生後六ヵ月くらいになると、通常、サルの顔の区別は日常的にはしない行動なので、「自分が生きていくうえでサルの顔の識別回路は要らないらしい」と、判断するともなしに、その回路は「使わないので淘汰」される。かたや、人間の顔に関する識別回路は、日常的に人間に囲まれた「環境」に生きるなかで、「よく使うから生き残る」のです。つまり「いったんつくっておいて、あとから要るものを選択する」脳の発達過程を、この実験結果は実によく説明しているといえます。

要するに人間は人間社会に生きているからこそ、人間の顔の微妙な差や違いがわかるのであって、その人がより生きやすい脳内マップは、おもに「環境」がつくるのです。ということは、森でサルに囲まれて育てばサルの顔は識別できるけれども、人間と接する機会がなければいくら人間だって人間の顔は識別できない——これは顔の識別に限らず、耳にした言葉や音の認知など、脳が関わるあらゆる活動に共通します。

そして、その「環境」の影響をもっとも受けやすいのが脳の発達初期である「臨界期」。どんな環境や刺激のなかにこの時期の子どもを置くかが、その子の脳の原型を決めるといっても過言ではありません。

3 最新の脳科学でわかった「氏より育ち」

成長期の脳は環境次第といっても、「東大合格者の親に高学歴者が多いように、だいたい頭のいい子は親も頭がいい」「明るく優しく元気な子は、もともとそういう子に生まれたのであって、すべては遺伝だ」「育ちよりやっぱり氏なんだ」といった反論もあるかもしれません。

確かに人間の体格や肥りやすさ、顔かたちなどには、遺伝的要素が大きく関わっているだろうことはまず間違いがなく、脳に関してもそれが細胞の集合体である以上、遺伝子による決定はまぬがれません。しかし最新の脳科学の領域では、「氏も大事だが、育ちも大事」、むしろ「氏より育ちかもしれない」という科学者が少なくないのです。

それを裏付けるような興味深い実験結果があるので、ご紹介しましょう。これはカナダのある脳科学者が行った実験で、①自分の子どもに対して実によく世話をするラットと、②子どもの面倒をほとんど見ないラットが、それぞれ育てた子どもの成育状況を、長期間にわたって観察し、比較しました。すると、

①が育てた子どもラット↓そのラット自身も子どもの世話をするラットに育つ
②が育てた子どもラット↓そのラット自身も子どもの面倒を見ないラットに育つ

という結果がまずは出ました。実をいうと、そもそも①のラットは代々、親が子どもの世話をよくする血統で、反対に②のラットは子どもの面倒をまったく見ない血統だったのです。この結果だけを見ると「やはり遺伝か」と思われますが、この実験にはさらに続きがあります。

その科学者は、子どもの面倒を見ない②の血を引いた子どもラットを、①の世話好きな親ラットのもとに「里子」に出してみました。すると、その②の血を引くはずの子ラットが、自分の子どもをとてもかわいがる、世話好きな親ラットへと成長をとげたのです。

この実験はつまり、①の一族のラットたちは代々、よく世話をする親たちに育てられた「経験」や「環境」があったからこそ自分もそうなったのであって、遺伝子のおかげではないことを示しています。少なくとも、子どもの面倒を見ないはずの②の一族のラットも世話好きな親に育てられるという「経験」や「環境」さえ与えられれば、世話好きな親になれる……つまり代々、子の面倒を見ない血筋という〝負の連鎖〟を「経験」が断ち切り、「遺伝より育ち」「氏より育ち」が勝る可能性があることを、この実験は証明しているといえるのです。

4

大切に育てられた子どもの脳はやわらかい

ところで、①の子どもに手をかける親に育てられた子ラットと、②の放任主義の親に育てられた子ラットでは、さらに注目すべき違いがあります。両者の脳を比べてみると、

● 幼少期の「シナプス」の数が、①のラットのほうが圧倒的に多い
● 脳の「可塑性＝やわらかさ」と関わりが大きい、「NMDA受容体」と「BDNF」という物質の発現量が、①のラットのほうが多い

ということがわかったのです。

「NMDA受容体」というのは外界から受けた刺激を脳内で伝達する物質のひとつ、「BDNF」は脳の細胞そのものの栄養素になる物質で、その量はともに脳がいかにやわらかいか、可塑性があるかを示す目安として考えられています。

また、脳内の情報交換の基地であるシナプスの数が多いということは、各神経細胞同士がいかに活発に情報をやり取りし、バラエティに富んだ回路がつくられているかがわかる目安になります。そして、これらの傾向は、世話好きな親ラットのところへ「里子」に出

された本来は②の血統の子どもラットの脳においても、確認できたのです。

つまり遺伝子はどうあれ、子どもの成長にきちんと目を配る親のもとで大切に育てられた子どもの脳ほど「柔軟＝広くものごとに対する学習能力が高く」、脳の発達過程も豊かで活発なものになるということを示しています。少なくとも子どもにとってより多くの可能性をひらく、より充実した臨界期は、「よりよい環境」が保証してくれるのです。

氏＝遺伝子によって何らかの能力や才能をせっかく授かっても、その能力が育まれず、実際に発揮される機会がなければ何の意味もありません。その点、臨界期のやわらかい脳では、その子の持って生まれた才能や能力が将来活かされるための神経回路、いわば土台が、いったんつくられたうえで、要る回路と要らない回路を選りわけるという、非常に「決定的」で「重要」な取捨選択がなされていて、その要・不要を決めるのも、これまた「環境」であり「経験」。だから「氏も育ちも」であり「氏より育ちかも」なのです。

頭のいい親から頭のいい子が生まれ、温かな家庭で育てられた子は温かな家庭を築く、または反対に虐待や暴力は親から子へ、そのまた子へ連鎖するなどといわれるのも、「環境的遺伝」という視点を抜きに考えると本質を見誤ることになります。多くの本に囲まれ、知的好奇心を大きく育む「環境」で育った子どもの学力が上がるのも、幼いころから音楽に親しみ、楽器にごく自然に触れられる「環境」に育った子どもの音楽性が豊かになるのも、考えてみれば当然のことなのです。それを、全部が全部「遺伝子のせい」にしてしまうのは、親として賢明な態度とはいえません。

5

脳にとって大切な時期は、一生に一度しか訪れない

臨界期が、いつはじまって、いつ終わるのかについては、実はまだすべてのメカニズムも、明確な時期も、解明されてはいません。

ただし、たとえば「視覚＝見る能力」に関していうと、だいたい四歳くらいまでが臨界期ではないかと、さまざまな実験を通じてすでに明らかになっています。というのも、このころまでに「見る経験」が与えられていないと、目そのものの機能には何の障害や問題がなくても、実は人間は何かを見ることができなくなってしまうのです。本当は見えるはずの目が、「見る」ということを知らないために、もっと正確にいえば、その人の「脳が見ることを知らない」ために、見えなくなってしまうのです。

つまり「見る」というのは単なる目や眼球の行為ではなく、目から入った光などの視覚的な刺激を情報処理するシステムが、見る経験を通じて脳のなかに育っていて初めて可能になる行為だといえます。これは「聞く」「匂いを嗅ぐ」など、五感にまつわる機能でも基本は同じです。

そして、「思考＝言葉を使って何かを考えたりする」をはじめとする、より知的で高次の機能に関しては、臨界期はもっと長く、十二歳くらいまでではないかと脳科学者のあいだでは推測されています。つまり、生きるために最低限必要な低次機能に関しては四歳から六歳くらいまでの間に、言葉を使い、考える「人間らしい」機能に関しては十二歳くらいまでに、脳の基礎はつくられると考えられるのです。さらに、臨界期に関して現段階で明らかになっていることをまとめると、

①機能によって臨界期はそれぞれ違うこと
②ひとつの機能に関して、臨界期は一生に一度しか訪れないこと
の二点です。

いずれにしろ人間の基本的な「脳内マップ」の組み換えは、大きくは幼少期に集中的、かつ大規模に行われ、臨界期の間に徐々に固定化していき、そのとき安定した形態が、ほぼ一生を通じて持続されます。いわゆる「三つ子の魂、百まで」ということわざは脳科学的にも、基本的なコンセプトとして正しいことが証明されているのです。

6

臨界期の脳に与えるべき刺激とは？

「三つ子の魂、百まで」は脳科学的にも正しい。よって、臨界期にある子どもの脳にどんな経験や刺激を与えるかは、三つ子の魂を形づくるうえでとても重要になってきます。「ものを見る」「音を聞く」といった基本的な経験は当然として、「一流の音楽を聴く」「外国語に日常的に触れる」といった目的意識の高い刺激も、もちろんいいでしょう。ただし、そうした目的のハッキリした経験ばかりが大事というわけでもないのです。

私たちのごく日常的な生活空間にも、広く情緒を育むために必要な刺激は満ちあふれています。たとえば、「風を肌で感じる」「冷たい水を手のひらで受ける」「素足で土の上を歩く」「季節の花々に触れ、その匂いを嗅ぐ」などの、嗅覚や触覚を含めた「五感」を育む刺激には、幼いころから触れさせたいものです。その風や水や土に触れ、脳のなかでそれが風であり水であり土であると「知覚」し、「認識」する、情報処理の経験を通じて、子どもはひとつひとつものを覚えていきます。そこに英語であれ花であれ、優劣はないのです。

もう少し子どもが大きくなれば、「動物と触れ合い、かわいがる」「お絵かきをする」「本に親しむ」「歌を歌う」「美しいものを愛でる」「美味しいものを美味しいと思う」といったことも、子どもの脳には非常に貴重な経験になります。

もちろんより多くの刺激を与えて、より多くの回路を育み、キープするに越したことはありません。が、全部が全部は無理。あれもこれもと欲張っては、子どもも脳も混乱するばかりです。植木の剪定ではありませんが、「バランスの取れた環境と刺激」による刈り込みは、やはり必要なのです。

なにしろ臨界期は、基本的には五〜六歳、学校教育の手が及ぶ前に終わってしまうともいえます。小学校に上がるまでに、その子の能力はもちろん、「情動」に関する基礎や土台もおおかたつくられ、裏を返せば、外界からの刺激に対する「集中力」がもっともあるのが、臨界期の脳なのです。

そこで親にできることは、見たい、聞きたい、知りたい、感じたい……と、言葉には出さずとも、いろんな刺激をほしがっている子どもに、それを与えてあげること。子どもがどんな刺激や体験をほしがっているのか、見極めてあげることも親の大切な役目です。

7

「こうしたから、こうなる」をやわらかい脳に教える

「うちの子は一芸に秀でてさえいれば、変わり者になってもいい」という場合を除けば、臨界期のやわらかい脳にはやはりバランスの取れた生活環境が大事。それも、案外「普通の環境」が、脳にとっては大事なようです。

たとえば「オモチャを片付ける？」そんなことはお母さんがやっておいてあげるから、あなたは英語教室に行きなさい」といった態度はあまり感心できません。このとき、オモチャ箱から出したオモチャは、誰かがちゃんと片付けないと、「自動的」にはオモチャ箱に戻らないということを、子どもはそれを片付ける「経験」を通じて学んでいます。「お母さんが片付けておいてあげるわ」は、モノは片付けてこそ、もとに戻るということを知るせっかくの「経験」を、要するに子どもから奪ってしまうのです。

「片付けたから片付く」という、大人にはごく当たり前と思えるような因果関係にしても、子どもはその過程を目の当たりにし、自分が関わることで、ひとつひとつ学んでいきます。親が手を出しすぎて、その大事な経験を奪ってしまうと、子どもは、オモチャは自

分が知らない間に「自動的」に片付けられていて、ごはんというのは「自動的」に食卓に並び、洗濯物も「自動的」に洗濯されてタンスのなかにしまってあるものだと、思い込みかねません。

もちろん子どもができることには限界がありますから、その子の成長にあわせて「自分でできることは自分でやらせる」ことが大事です。たとえば夕ごはんの支度をほんの一部でいいから手伝わせたり、母親がそれをつくっている「過程」をそばで見せるだけでも、子どもは「そうか。ごはんは、お母さんがつくってくれたから、ここにあるんだ」ということを知ります。それでなくても最近は、冷凍食品をチンするなり、コンビニやデパ地下で惣菜を買ってくるなりすれば、まがりなりにも夕食の支度はできてしまうご時勢。しかし誰かが何もしなくても「自動的」にすべてを行ってくれる「魔法」などこの世にあろうはずがなく、こうしたからこうなるという、世の中の因果を身をもって知る経験や環境は、こんな時代だからこそ親たちが意識的に与える必要があるのです。

その経験は普通すぎるくらいに普通のこと。それでいて、英語教室に行くよりも、塾やお稽古事に行くよりも、その子が生きていくうえで大事なものを、数多く教えてくれるのです。

8

まずはわが子を「見る」こと「観察する」こと

わが子が、とにかく元気で、人生を豊かに、楽しく生きていける人間に育ってほしいと、親なら誰もが思うもの。そのためにも、脳の発達にとってよりよい環境を与えてやりたいと、脳科学者たちもまた親である以上は思うのです。

それにはまず、わが子を「見る」こと、「観察する」ことだと、彼らはいいます。何かしらの環境や経験を与えたときに、子どもがどんな「反応」をするかをよく観察して、その子にとって何が必要なのかを「選択」することだと。親の欲目や都合で、「こういう子になってほしいから、これをしなさい」と無理強いしても、本人が求めていない刺激はあまり効果を上げないばかりか、苦痛ばかりが経験として残ってしまいかねないのです。

臨界期のやわらかい脳は、私たち大人に比べれば確かに何でもよく吸収します。しかし、子どもが求めているものをきちんと見極めて、それを「与えるべき時期に与える」のが、健やかな脳の発達には何より大事。だからこそ、臨界期の脳には親をはじめ、周囲の大人たちの客観的かつ大局的な観察が欠かせないのです。

そして、脳の成長を見守ることを親が自ら楽しむこと。そもそも子どもの成長や変化を見守るなんて楽しいに決まってるじゃないかと、脳科学者たちはいいます。これほどドラスティックな変化を目の当たりにできるなど子ども以外の脳にはなく、彼らが科学的好奇心をもっとも駆り立てられるのが、幼少期、臨界期の脳なのです。そんな「科学の目」を少し取り入れることで、楽しいばかりではない子育てがより楽しく、充実したものになるかもしれません。

子どものちょっとした変化や反応にも目を凝らし、「これをさせてみたけどあまり楽しくないみたい、今回は失敗しちゃった」くらいのゆったりした気持ちで、わが子の成長を見守り、失敗も含めて楽しむこと。そして、子どもの反応には、親も反応で返し、安心と信頼の絆を互いに、少しずつ深めていくことです。考えすぎや思いつめすぎ、世間でいわれる「何歳までに○○ができる」といった目安に厳密になりすぎることは、親にも子にもよくありません。

親のストレスは、子どもにストレスとして伝わり、幸福感は幸福感として伝わります。肩の力を少し抜いて、「ちょっとくらい失敗してもいいか」と、まずは親が鷹揚《おうよう》に構えることが、どんなことがあってもたくましく生きていける「いい脳」を創るのです。

第二章　「早寝・早起き」を脳科学する

9

人間の「体内時計」は二十四時間より長い

最近話題の「早寝・早起き」が、なぜ子どもの心とカラダにいいのか——。まずはその脳科学的理由からご紹介しましょう。

人間は誰しも「生体時計」、平たくいえば「体内時計」を持っています。脳のなかの、目の奥のほうにある「視床下部《ししょうかぶ》」の「視交叉上核《しこうさじょうかく》」と呼ばれる部分がそれにあたり、左右一対の視交叉上核には、片側だけで約一万個の神経細胞（ニューロン）が密集しています。

この視交叉上核では、朝になり、太陽の光を浴びることによって、毎日を生きるうえでとても大事な作業が行われています。もっとも最近は、夜起きて朝眠る人も増えているようですが、睡眠学的にはそれこそ超人的、非人間的な所業といわざるをえません。

人間のカラダは「心臓よ、動け！」と命令しているわけではないのに心臓は動き、胃や腸や肝臓も動きます。そして昼、活発に活動しているときは、心臓も胃もその活動に見合うように活発に動き、夜、寝ているときは心臓の動きはゆっくりになり、腸も翌朝の排便

図3：脳の中に見つかった「体内時計」

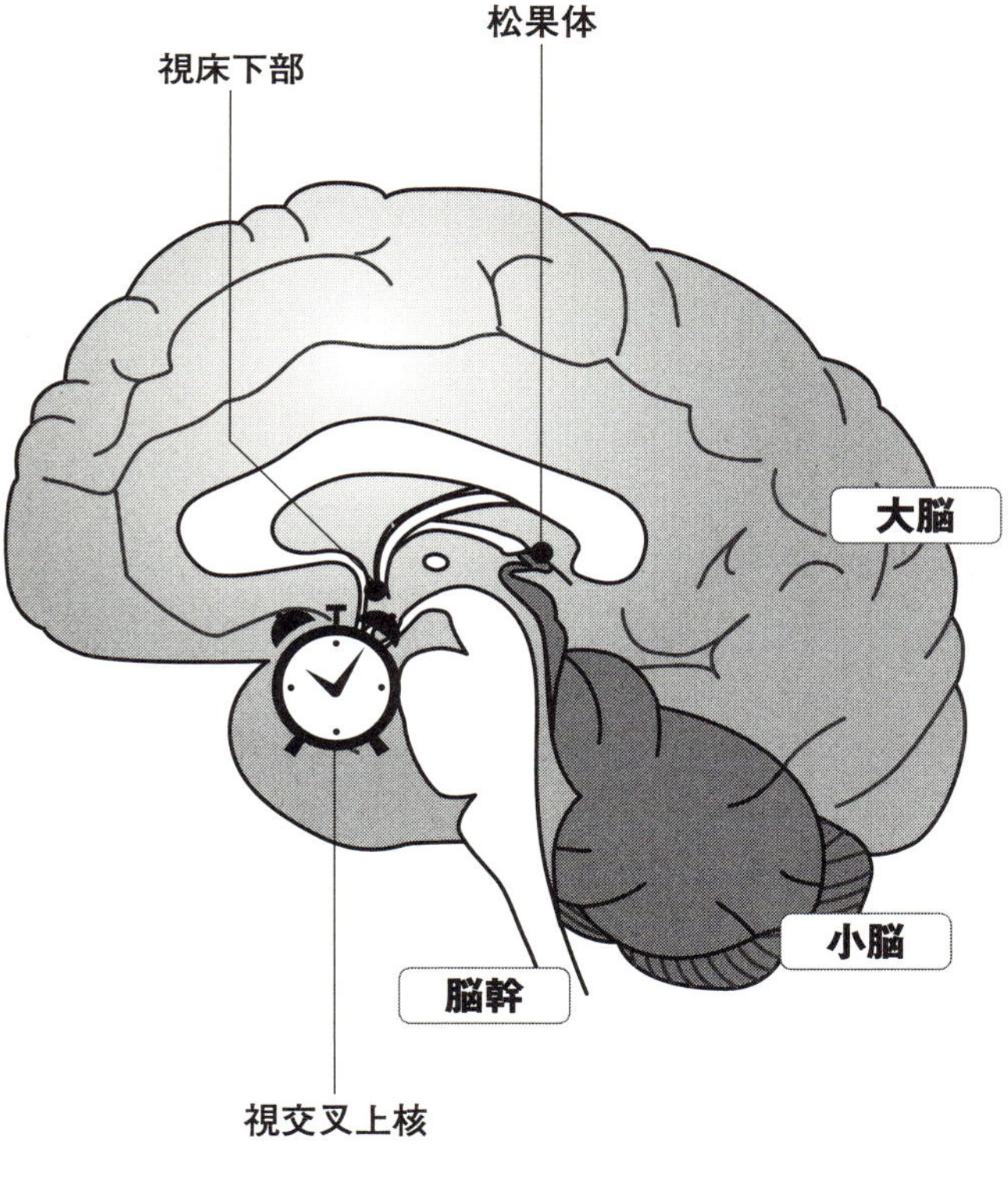

大多数のヒトは24時間よりも少し長いサイクルで動く「体内時計」を持っており、この時計が体温や睡眠・覚醒といった生体リズムを刻んでいます。この時計の役割を担っているのは、脳内の「視床下部」の「視交叉上核」という部分です。

に向けてゆっくり便を押し出したりしています。つまり昼と夜では、カラダのなかで起こっていることがまったく違うわけです。

そんなふうに私たちのカラダには、本人が意識して動かすことができる腕や足の筋肉などとは別に、意識とは関係なく動いたり分泌したりする臓器や血液や各種ホルモンがあり、おもに昼間に働く「交感神経」と夜に働く「副交感神経」が交互にバランスよく働くことで、昼なら昼、夜なら夜の活動が無意識のうちに行われています。そして、この無意識に活動している部分のリズムをつかさどるのが視交叉上核、つまり生体時計なのです。哺乳動物の脳における生体時計発現のメカニズムに関する研究は近年目覚ましい成果をあげていて、一九九七年には「時計遺伝子」ともいうべき物質が発見されています。これら研究の発展によって、今や「体内時計」は比喩的な表現ではなくなってきているのです。

さて、この視交叉上核が刻むリズムにしたがって、人間の体温やホルモンの分泌量は、ほぼ一日単位のサイクルで変動しています。これを「概日リズム」または「サーカディアンリズム」（circa＝だいたい・およそ、dies＝一日を意味するラテン語）といい、どちらも「だいたい一日」、「ほぼ一日」のリズムという意味です。

実は、大多数の人間が生まれながらに持っている生体時計が刻むリズムは、一日＝二十四時間周期ではなく、通常では二十四時間強〜二十五時間強といわれています。この周期に関しては諸説ありますが、最近では二十四・五時間程度と考えられているようです。つまり、一日に三十分も遅れてしまう時計を、大人も子どもも持っていることになり、この生体時計は生後一〜二ヵ月くらいから働きはじめるといわれています。

これで一日が二十四・五時間の世界に生きるのなら何の問題もないのですが、あいにく地球では一日は二十四時間。だとすれば、生体時計と地球時間のズレは、どこかで調節しなければなりません。その調節を行ってくれるのが、実は朝の光なのです。

こんな実験があります。どちらも朝が来れば明るくなる環境で育った①視覚障害を持つ赤ちゃんと②障害のない赤ちゃんの「睡眠・覚醒リズム」を一定期間計測したところ、

①→毎日のリズムが数十分から一時間ほど後ろにズレていく「フリーラン」という状態を示す

②→生後三、四ヵ月以降、毎日のリズムは二十四時間単位に矯正されていく

フリーランというのは、朝になっても明るくならず、昼も夜もわからない環境に人間を置いて、生体時計だけに頼り切った生活をすると起きる現象です。つまり生体時計が自由(フリー)に、作動した(ラン)状態だということ。

人間の生体時計が二十四時間より長いことを初めて証明したのは、ドイツ・ミュンヘン大学のアショッフ教授でした。彼は、一切光が入らず、時計など時間のわかるものを置か

ない病院の地下壕で、被験者を気の向くまま生活させると、その人の睡眠や覚醒、体温などのリズムは、二十四時間よりも長くなることをつきとめました。ちょっと恐ろしい実験にも思えますが、暗く閉め切った、外の気配が全然わからない部屋で、何物にも縛られない「自由な生活」をすると、人間は誰でもそうなるのです。

しかし私たちの多くは、とくにフリーランなんて言葉を意識することなしに、毎日を二十四時間周期で生きています。なぜそんなことができるのでしょう? それは毎朝、陽が昇ると明るくなる環境に生きている、つまり「朝の光の刺激」のおかげなのです。

約二十四・五時間の「概日リズム」を刻む生体時計が、外からの光を感知することによって二十四時間の「日内リズム」に調節されるこの現象を「同調」、または「光同調」と呼びます。面白いことに昼間に光を浴びても、夜に浴びても、同調は起こりません。それどころか、夜に光を浴びると、生体時計はもっと後ろにズレてしまうことがわかっています。つまり、もう夜中なのに、まだ昼間だと、生体時計が勘違いをして、周期を二十六時間にも二十七時間にもしてしまうのです。

つまり、朝の光を知覚することによって初めて、人間は一日二十四時間でまわる地球で活動できるカラダを手に入れられるのです。これだけでも、早起きして、朝の光を浴びることが、どんなに大事かは一目瞭然でしょう。

10

子ども部屋には朝の光を！

赤ちゃんや子どもを眠らせるには、とにかく朝の光が入る部屋がベストです。

日の出を見たことのある方はおわかりでしょうが、朝の光とは地平線の上に太陽が顔を出す前から、「だんだん」にあたりを照らしはじめ、いざ顔を出した瞬間には、神々しいまでに鮮やかに放たれる、あの光のことです。

といっても神々しいか否かは、脳には一切関係がありません。あくまで光は光であって、目から入った光が脳の「視交叉上核」を刺激することで、体内時計の「同調」が起こり、ここから脳内の各神経細胞に信号が送られて、体温変動や、各種ホルモンの分泌といった体内の活動リズムを一日二十四時間周期に調整するのです。

ですから「朝の光を浴びる」とは、極論すれば光を当てさえすればいいともいえます。寒い朝、ふとんから出るのをむずかる子どもには、朝の光に匹敵する明るさのライトでも買ってきて、当てればいいことになってしまいます。

ただし、朝の光の特徴は、「だんだん」明るくなるということです。最近ではそんな朝の光に模して、セットした起床時間の三十分前から徐々に明るくなるタイマー付目覚まし照明なども売られているようですが、やはり自然光にまさるものはありません。というのも、通常のオフィスでは明るいと感じても、せいぜい七〇〇～八〇〇ルクスですが、自然光というのは意外に明るく、曇りの日でも窓際では二〇〇〇ルクスくらいあります。夜明けが近づくにつれて、あたりがだんだん明るくなり、カーテンを開けると朝の光がパッと鮮やかに射しこむ……できればそんな部屋に、子どもたちを寝かせてあげてください。

もちろん昨今の都会の住宅事情からいって、朝はほとんど光が射さないという子ども部屋も数多くあるとは思います。そうした場合でも、せめて朝起きたらカーテンを開けたり、さきほど例にあげた照明を併用するなどして、とにかく朝が来たことを子どもの脳とカラダに伝えましょう。

その点、最近よく見かける遮光カーテンは、外界の変化が家のなかにいる者には一切伝わらず、子ども部屋には不向きです。目覚まし時計に頼ることなく、朝が来たことを、身をもって知ることができる部屋こそ、子どもにとって理想の睡眠環境だといえます。

11

夜のホルモン「メラトニン」が子どもを老化から守る

夜、寝ているときも、人間の脳はさまざまに活動しています。睡眠というと「頭やカラダを休ませること」だと考えがちですが、睡眠中の脳もカラダも休んでなどいません。とくに赤ちゃんや子どもの夜の脳には、心とカラダの成長のカギを握る大事な役割があり、むしろ活発に「夜やるべきこと」「夜しかできないこと」をやっているのです。

睡眠中の脳内に分泌される重要な物質に、「メラトニン」があります。これは、脳のなかの「松果体」と呼ばれる部分でつくられるホルモンで、睡眠と非常に関わりの深い物質です。このホルモンの働きとしては、まず、アンチ・エイジングをうたった商品の広告などでもよく目にする「抗酸化作用」があります。さらに、最近では「性腺刺激ホルモン抑制ホルモン」の分泌を高め、性的な成熟を抑える「性腺抑制作用」があることもわかっています。

メラトニンには、夜暗くなると分泌され、明るくなると分泌が抑制されるという性質があります。また、目が覚めてから十四~十六時間後に分泌がはじまるようにプログラミングされていることもわかっていて、メラトニンそのものに同調作用があるともいわれています。こうした光の刺激とはまた別に働く自律的な同調作用を「非光同調」といいます。

つまり朝起きて夜眠る人のリズムにあわせて、その分泌は行われるのですが、夜起きて朝寝たり、明るい夜を過ごすことで、メラトニンの分泌は完全に止まることはないまでも、量は減り、リズムも狂ってしまうのです。実際、深夜まで明るい環境で夜更かししている子どもほど、メラトニンの分泌量が少ない傾向にあるという調査結果も出ています。

メラトニンの分泌量が少ないとどうなるか？　当然ながら、抗酸化作用も、性腺抑制作用も、本来の効果は望めません。つまり、酸化が進み、性的成熟はより早まるのです。

というと、性的成熟とは成長そのものではないか、と疑問に思われるかもしれません。しかし人間の脳もカラダも、成長も、すべてはバランスが大事。抑制すべきものを抑制してはじめて、健全な成育・成長はなされ、夜は抑制と鎮静のための大事な時間なのです。

地球に生きる＝酸素を吸って生きる人間にとって、メラトニンをはじめとする抗酸化物質は、酸素の毒性から体内の細胞を守るためには不可欠で、その適切な分泌が行われなければ成長どころか細胞の老化さえ起こしかねません。そのせいか最近は高血圧や動脈硬化など、中年さながらの老化現象が、夜起きている子どもに見られることが少なくないのです。

また、夜更かしで朝寝坊な女子ほど初潮年齢が低いというデータもあり、早熟なカラダと子どものままの心のアンバランスはその子自身に負担を強いかねません。もちろん個人差はあるものの、夜は暗いなかで寝て、メラトニンを過不足なく分泌させてこそ、脳もカラダもその子にとってもっとも無理のない、その子なりのペースで、成長をとげることができるのです。

12

一歳から五歳までは寝室は暗くしたほうがいい

子どもは、朝は朝の光が入り、そして夜はできるかぎり真っ暗な部屋で眠らせることも同じように大切です。

光があると分泌されないメラトニンの性質上、夜、暗いなかでぐっすり寝ることで、その分泌はより活発になります。もちろんそれは私たち大人にもいえるのですが、とりわけ子どもにとってはなるべく暗い部屋に寝て、睡眠中のメラトニン分泌を促すことが重要なのです。

というのも、実はメラトニンにはもうひとつ、「一歳から五歳くらいまでに、もっとも多く分泌される」という特徴があるからです。

この時期、子どもの脳の松果体からは、一生のうちでもっとも活発にメラトニンが分泌されます。しかも、暗い部屋で寝れば寝るほどその分泌はより活発になり、裏を返せば、夜、暗いなかで寝ない子ども——いつまでも夜更かしをしたり、寝ていても明るいなかで夜を過ごしている子どもは、この時期にこそ浴びるべき「メラトニン・シャワー」を浴びずに育つことになってしまうのです。

なぜ一歳から五歳の、いわゆる乳幼児期にメラトニンの分泌が活発になるのかは残念ながらまだわかっていません。が、基本的には何事も、それが起きるべき時期に起きるのが人間のカラダ。その機会を逃せば、もう二度とチャンスはめぐってこない現象もあり、「シャワー」と呼べるほどのメラトニンの活発な分泌も、これにあたります。

そのごく限られた時期にメラトニン・シャワーを浴びそびれてしまった結果については、まず、「性的成熟の低年齢化」が考えられます。

メラトニンは一歳から五歳、とくに一歳から三歳にかけては集中的に分泌され、以降は減少に転じて、思春期にピークの四分の一ほどに安定するというカーブを描きます。つまりメラトニンの分泌量が減り、それまで性腺を抑制してきたタガが外れることで、第二次性徴（男子の声変わりや女子の胸のふくらみなど）のような性的成熟はもたらされるわけです。

夜更かし傾向のある女子の初潮年齢の低年齢化が示すように、その到来がメラトニン・シャワーを浴びそこねると早まるのです。そうでなくても思春期の心とカラダのアンバランスは、当の子どもにとって悩み多きもの。早ければいいというものではありません。

さらにはメラトニンの抗酸化作用の低減による「細胞の酸化・老化」などの弊害も心配

です。具体的な因果関係はまだわかっていないものの、将来的なガン発生率の増大や高脂血症の誘発など、最近ではさまざまな危険性が指摘されています。

夜は、寝る時間。そして、できれば電気やテレビがついていない、暗く、静かな部屋で眠ること。逆に、深夜になってもこうこうと明るい〝人工的〟な環境はメラトニンの分泌を抑え、夜の光は子どもの脳とカラダの健やかな成長を阻む、最大の敵なのです。

しかしながら一日二十四時間、闇がないのが現代の都会。そんな深夜の街に子どもを連れまわすのは、当然よいこととはいえません。

13

朝の「セロトニン」は子どもの脳の土台をつくる

夜、暗くなると分泌されるメラトニンに対して、朝、明るくなると分泌されるのが「セロトニン」です。朝の光のなかで、しかも起きて活動するとより分泌されるセロトニンは、脳の土台をつくったり、情報伝達に忙しく走りまわったりする、いわば朝の働き者。これがメラトニンに負けず劣らず、乳幼児期の脳にとっては大事な物質なのです。

このセロトニン、メラトニンとは切っても切れない関係にあります。メラトニンは脳の「松果体」から分泌されますが、そのもとになるのがセロトニンで、松果体で合成されるある酵素が、セロトニンをメラトニンに変えます。この酵素の合成を抑えるのが松果体に入った光の刺激で、だから光があるとメラトニンは生成されず、分泌もされないのです。

さて、脳のなかには約一兆個ともいわれる「神経細胞」があり、それぞれの細胞から伸びた「軸索」と呼ばれる繊維状の枝を通じて、情報を発信する神経細胞と受信する神経細胞が信号をやりとりし、脳のなかにはやがて「神経回路」が形成されていきます。この軸索の各先端にあるのが、情報伝達の拠点ともいうべき「シナプス」で、ここではさまざまな「神経伝達物質」が行き交い、各細胞が発した情報を伝え合っています。

セロトニンもこの神経伝達物質のひとつです。おもには後頭部の奥のほうにある脳幹部の中心を貫く「縫線核《ほうせんかく》」という部位に、セロトニンをつくり、分泌の基地となる「セロトニン神経細胞」は多数存在しています。その軸索の先端から情報をたずさえて分泌されるセロトニンの伝達先、いわば〝活動範囲〟は、脳内のみならず脊髄《せきずい》にまで及びます。

そして、とくに脳の発達初期には、神経伝達物質として働くだけでなく、情報伝達の拠点となるシナプスの形成にもひと役買っていることが、ラットの実験ではわかっています。というのも、母親の胎内にいるときのラットの大脳では、セロトニン神経細胞から非常にたくさんの軸索が出ているのですが、この大量の軸索が、生後はまるで用をなくしたように消滅してしまうのです。この消滅と、シナプスの形成がほぼ完了する時期が重なることから、セロトニンは発達初期の大脳内にさかんに働きかけて、各神経細胞の接合部にシナプスを形成し、のちのち神経回路がつくられるための基礎づくりに関わっていると考えられるのです。これを人間に当てはめるとだいたい一歳半から二歳になるまでにあたり、脳の土台がつくられる時期にこそ、セロトニンは極めて重要だといえます。

14

歩いて、走って、噛んで、セロトニン神経系を活性化させる

セロトニンは子どもの脳の基礎をつくるばかりでなく、「感情の制御に関わる物質」「心に関わる物質」ともいわれています。

セロトニンと聞いて、抗うつ剤を思い浮かべた方もおられるでしょう。実際、うつ病の治療には現在、セロトニン、ノルアドレナリン、ドーパミン、ヒスタミンといった「モノアミン系神経伝達物質」の働きを高める薬が広く用いられています。たとえばＳＳＲＩ（選択的セロトニン再吸収阻害薬）と呼ばれる抗うつ剤は、シナプスにおけるセロトニンの濃度を高めることで、うつの症状を軽減するというもの。もちろん、うつに関しても絶対的な治療法はまだないのが現状ですが、「心に関わる物質」セロトニンが不足すると、

① 衝動性や攻撃性が高まる
② 共感性や社会性が欠如する
③ うつうつとして、気が滅入る

といった傾向が生じることが、脳研究の現場ではすでに指摘されています。

たとえば、集団行動をとるサルの一匹にセロトニン神経系の活動を下げる薬を投与すると、そのサルは周りのサルに対して攻撃的になり、群れから孤立して、グループ内での地位をだんだんに下げていきます。反対にセロトニン系を活性化させる薬を投与したサルは、周りのサルと仲良くし、積極的に仲間の毛づくろいをするなどサービス精神も旺盛になるので、仲間からの信頼を得て、徐々に地位も上がってくるのです。

人間に関しても「低セロトニン症候群」という病名を用いて、いわゆる「キレる」心理状態や「オレ様化する」子どもや若者の増加傾向を説明しようとする研究者もいます。脳内の広範囲にわたって分泌されるセロトニンは、神経伝達活動全体の微妙なバランスを維持するのにとても大事な物質で、このセロトニン系に支障をきたすと、さまざまな形で精神的な不安定が起きるのです。

それではセロトニン神経系さえ活性化させれば子どもはキレないかというと、現在そこまでのデータはありません。しかし、攻撃的で、落ちつきがなく、他人への共感や思いやりを欠いた子ども……そんな、社会的に問題になっている現代の子ども像との共通点は、大いに気になるところです。

「セロトニン神経系」の特徴としては、

① 起きているときに活発に活動する

② 朝、明るくなると活発に活動する
③ 運動すると活発に活動する

ということがわかっています。③の運動についてもう少しいえば、

● しっかりと手を振って歩く
● ハイハイをする
● しっかり、よくモノを噛む
● 深呼吸をする

といった「リズミカルな筋肉運動」をすることで、セロトニン神経系は活性化します。

発達初期の脳において重要な役割を担うセロトニンは、子どもの情緒を安定させる物質としても脳科学者たちの注目を集めています。早起きをして、朝の光を浴び、日中は元気いっぱいに遊んで、セロトニン系の活動を高めることがいかに大事か、ぜひおぼえておいてください。

15

早寝・早起きは、脳内物質の分泌にも好循環をもたらす

夜更かしするから朝寝坊をする、朝寝坊をするから、また夜更かしをするという悪循環が、子どもをイライラさせ、昼間の活力を奪うのは、誰の目にも明らかです。反対に、日中活発に遊んだ子どもが、さすがに疲れて夜はすぐに眠くなり、結果的に早起きになるのは道理で、「子どもはとにかく昼間疲れさせて、早く眠らせること！」という睡眠学者もいます。そして、早寝・早起きの好循環は、単に子どもの生活パターンを改善させるだけでなく、脳内の活動にも好循環をもたらします。

まず、早起きして朝日を浴びることで、体内時計の「同調」が行われるばかりか、脳のなかのセロトニン神経系も活発に活動をはじめます。そして、脳内に分泌されたセロトニンは子どもの情緒を安定させ、対人関係にも積極的になったその子は、友だちと外で、元気いっぱいに遊びまわることでしょう。当然お腹はぺこぺこですから、もりもり食べて、よく噛んで、リズミカルな運動量が豊富になることでもさらにセロトニンの分泌は促され、日中たくさん遊んだぶん、疲れて早く寝ると、今度はメラトニンが分泌されて、子ど

もの適切な成長を支えてくれると――。

ちなみに昼間、外の光のなかでよく遊んだ子どもほど、夜のメラトニンの分泌量が多いというデータもあります。夜の光はメラトニンの分泌を抑えますが、昼間の光はメラトニンの分泌を高めるのです。そして夜ぐっすり寝るから、朝はパッチリ目が覚めて、そこにはまた朝日が射す……と、「早寝・早起き」はいいことだらけです。

しかし残念ながらこれとは逆の悪循環のなかに、子どもの多くが生きているのが現状です。夜更かし・朝寝坊で、いわば慢性の〝時差ボケ状態〟にある子どもは、外でみんなと遊びたがらず、だるい、疲れたといって、リズミカルな筋肉運動もとくにしない。するとセロトニン系はなかなか活性化するきっかけがなく、昼間の光を浴びずに、夜の光を多く浴びる生活では、メラトニンもいまひとつ分泌されない……。つまりセロトニンも、メラトニンも、高まりにくい状況にあるのが、現代という時代なのです。キレやすく、協調性に欠けた、感情をコントロールできない子どもが増えているといわれる背景には、子どもたちを夜更かし・朝寝坊にさせがちな環境があるといっても過言ではありません。

16

遅寝・遅起きで「万年時差ボケ」に

夜更かし・朝寝坊など、体内時計に基づくカラダ本来のリズムを無視した睡眠をとり続けると、「内的脱同調」と呼ばれる状態に陥ります。

同調とはいってみれば、本来は約二十四・五時間周期の概日リズムを刻んで変動する体温やホルモンの分泌サイクル、臓器の働きなどが、朝の光を感知した視交叉上核の指令に従って、すべてバランスよく二十四時間周期のリズムになるように調和させること。

たとえば人間の体温は、「明け方、最低体温を記録し、その後は徐々に上昇して、午後から夕方にかけて最高体温に達し、下降に転じる」という一日単位のサイクルで変動し、その周期も同調によって二十四・五時間から二十四時間に修正されます。そして、最低体温から二時間くらいの間に目が覚め、最高体温から二時間くらいあとに寝るのが、理想的な睡眠だといわれています。

ところが、朝方、最低体温のあとに寝たり、夜、最高体温のあともずっと起きていたり、本来の睡眠・覚醒リズムに反した行動をとり続けると、せっかく朝日を浴びて二十四時間周期に同調させた各臓器の働きが、調和を乱してしまうのです。すると、体温の変動リズムも、ホルモンの分泌サイクルも、すべての足並みはバラバラに崩れ、夜に出るべきホルモンが夜に出なかったり、日中なかなか体温が上がらなかったり、カラダのあちこちに不具合・不調和が生じます。

これが「内的脱同調」で、そうなるとカラダはだるいし、食欲もヤル気も、元気も出ない。また、睡眠・覚醒リズムをつかさどる体温の変動リズム自体が崩れてしまうことで、眠りたいのに眠れず、眠ってはいけないときに眠たくなる……いわゆる時差ボケのような状態に陥ります。時差ボケとは要するに、時差という外的要因がもたらした「外的脱同調」のことで、夜勤や、度を越した夜更かしによっても、脱同調は引き起こされます。不規則な睡眠習慣による内的脱同調とはつまり慢性の時差ボケ状態ともいえ、脱同調状態にある人の脳内では、本来なら朝の起床時に多量に分泌されるはずのコルチコステロイドというホルモンが、朝になっても増えなかったという報告もあります。

大人が万年時差ボケ状態にあっても自己責任の範囲内ですが、赤ちゃんや子どもには、体内リズムに基づいた規則正しい睡眠を、小さいうちから親が習慣づけることが、日々の体調だけでなく、心身の健やかな成長も保証するのです。

17

睡眠不足は子どもも大人も肥満にする

最近の調査では、夜更かしと寝不足が慢性化している子どもほど、肥満児になる危険性が高いことが明らかになってきています。

一九九六年に富山医科薬科大学（現・富山大学）関根道和氏のグループによって行われた調査によると、睡眠時間が八時間未満の子ども（対象はいずれも六～七歳児）は、十時間以上眠っている子どもに比べると、肥満児になる危険性が、二・八七倍も高いことがわかりました。また、この調査では、三歳のときに夜十一時以降に寝ていた子どもは、九時までに寝ていた子どもに比べて、小学校四年生になった時点で一・五倍、肥満になりやすいという興味深い結果も得られています。つまり三歳の時点での生活習慣が、六年後の子どもの肥る・肥らないに影響を与えているというのです。

夜更かしする子どもは、起きる時間が決まっていてもいなくても、睡眠時間が減る傾向にあり、睡眠時間が少ない子どもの脳には次のような影響が出ることがわかっています。

①「コルチコステロイド」の分泌量が夜になっても減らない

②「脳下垂体《のうかすいたい》」から分泌される成長ホルモンが〝本来のようには〟分泌されない
③「レプチン」の分泌量が低下し、「グレリン」が上昇する

まず、①の「コルチコステロイド」は、人間の心身がストレスにさらされると分泌される「ストレスホルモン」です。通常は、朝起きたときに分泌され、夜になると少なくなります。毎日を生きていくうえで、人間はさまざまな出来事に直面し、精神的にも肉体的にも、常に緊張を強いられています。コルチコステロイドが、おもに朝、多量に分泌されるのは、その緊張状態にうまく対応できるようにするためだと考えられます。

しかし、夜更かし・寝不足を続けていると、その大事なストレスホルモンの分泌サイクルが狂ってしまい、朝だけでなく夜にも分泌されるようになるのです。そして、このコルチコステロイドを薬として服用したときの副作用が、「肥満」なのです。

また②の成長ホルモンには、脂肪を分解し、その沈着を抑える働きがあることがわかっています。成長ホルモンはおもに夜、睡眠中に分泌量が増えるのが本来の姿で、十分な睡眠が取れないと、その分が日中に分泌されることが成人では確認されていますが、本来の役割を果たせるかは疑問で、これも肥満につながる可能性があります。

最後に③ですが、「レプチン」とは食欲を抑えるホルモンで、「グレリン」は逆に食欲を増進させるホルモンです。二〇〇四年に発表されたアメリカ・スタンフォード大学とウイ

スコンシン大学の共同研究によると、この二つのホルモンの減少と増加が、覚醒を促し、食欲を増す作用のある「オレキシン」というホルモンを分泌する神経細胞を刺激するといいます。つまり、睡眠不足によるレプチンの減少とグレリンの増加が、覚醒と食欲増進のホルモン、オレキシンの分泌量を増やすことで、「眠れない→食べる→肥る」という、肥満への連鎖をますます加速させているのではないかと。

夜遅くまで起きている＝夜食をとったり、ついついお菓子に手が伸びるという、いかにも肥りそうな生活習慣は、今や睡眠と脳内物質の分泌の関係性からも説明が可能になりつつあるのです。このレプチンとグレリンの増減はまだ成人において確認されているだけですが、子どもにおいてもこれが肥満に直結するだろうことは十分に考えられます。

このように睡眠不足は、子どもにおいても大人においても、肥満になる危険性を高めます。最近話題のメタボリック症候群にしても、世間では食事や運動に関する注意ばかりがなされますが、肥らないためには睡眠も大事なのです。

いうまでもなく肥満は生活習慣病の原因や運動不足につながり、運動不足は脳内におけるセロトニン神経系の活動低下をも引き起こします。そして、いつもイライラして、攻撃性が高く、落ち着きのない、人づきあいや感情表現も苦手な「低セロトニン症候群」ともいうべき状態に、子どもを陥れてしまいかねないのです。

18

寝る時間が遅い子どもは学力が伸びない

日本の子どもは、「世界でもっとも眠らない子ども」です。

これを実証する調査結果は、枚挙にいとまがないほど。また、睡眠時間の総量だけではなく、夜、眠りに就く平均時刻の遅さに関しても、日本人は赤ちゃんから高校生まで、二位に大きく水をあけたダントツの第一位にあります。

そして、睡眠時間や就寝時間と子どもの学力には、どうも関係がありそうだと指摘する教育関係者や科学者が、最近は少なくないのです。

まず「早寝早起き朝ごはん」全国協議会の副会長をつとめ、かの百マス計算でも知られる陰山英男《かげやまひでお》氏（現・立命館小学校副校長）が、以前校長をつとめていた広島県内の公立小学校で「五年生の睡眠時間と国語・算数の平均点」の関係を調べたところ、次のような結果が出ました。

- 平均睡眠時間が七、八、九時間と、比較的長い児童ほど、国語も算数も平均点が高い
- 平均睡眠時間が五時間、またはそれ以下になると、どちらの平均点も極端に低くなる

……これでは「勉強が忙しくて寝不足」なんて言い訳にもなりません。もっとも十時間以上寝ている児童になると平均点は国語も算数も下降に転じ、陰山氏は「寝てばかりいて勉強をまったくしない子の学力が伸びるはずもない」と説明したとか。

また、福岡教育大学・横山正幸《よこやままさゆき》教授の調査によれば、ある小学校で四～六年生に平均的な就寝時間を聞いたところ、学力上位群では、

●夜九時半までに寝る＝五〇パーセント、～十時＝二五パーセント、～十時半＝二五パーセント

と、十時半以降に寝る子は〇《ゼロ》パーセントだったのに対し、学力下位群では、

●夜九時半までに寝る＝二〇パーセント、～十時＝一五パーセント、～十時半＝四五パーセント、～十一時＝五パーセント、～十一時半＝一五パーセント

と、十一時すぎに寝ている子どもが一五パーセントもいたのです。

もちろんこれはあくまで平均の話で、限られたデータをもってして「睡眠不足・夜更かしは学力を低下させる」などとはいいきれません。また、睡眠時間の適正量にはそもそも大人・子どもを問わず個人差があり、何歳だから何時間眠るべきだとか、何時に寝た子の学力は伸びるといった早計な結論は出すべきではないでしょう。

しかしながらその子にとって必要な睡眠の量が満たされない状態を「睡眠不足」と定義

図4：夜10時以降に就寝する子の割合

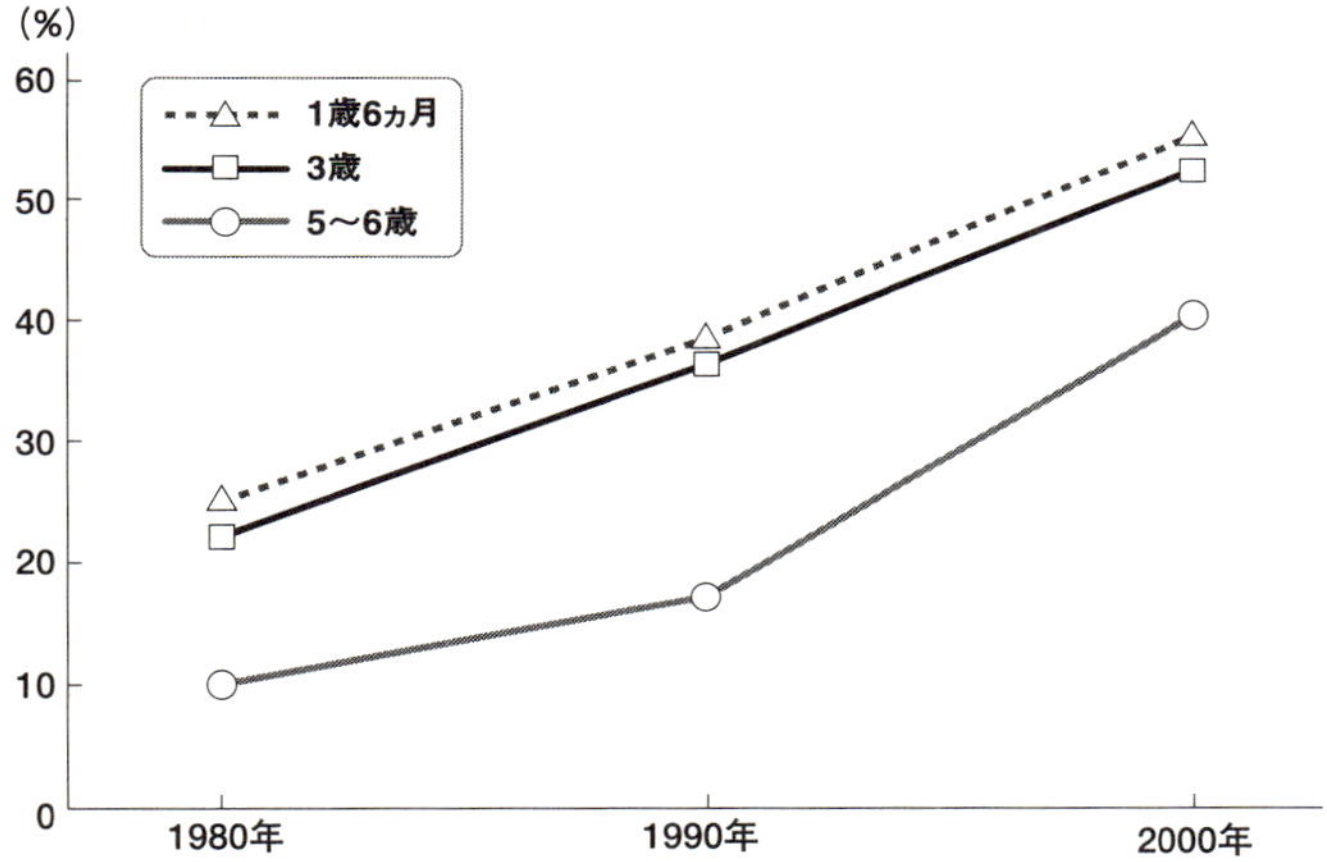

（出典）日本小児保健協会『幼児健康度調査報告書』（2000）より作成

するなら、睡眠不足が集中力を低下させ、学習効率を悪くし、勉強したわりには学力が伸びない、成績が上がらないという事態が起こることは十分考えられます。

　ただしそれは「勉強のせいで寝不足」になっている場合であって、実は日本の子どもは、「世界でもっとも眠らない子ども」であると同時に「世界でもっとも勉強しない子ども」でもあります。二〇〇二年のOECD（経済協力開発機構）の学習到達度調査によると、日本の十五歳の学校外学習時間は一日二十五分と、調査参加国（三十二ヵ国）のなかでも最低で、とくに先進国のなかでは突出して少ない。

　それでいて「もっとも眠らない」「もっとも夜更かししている」子どもなのです。

19

日本の子どもは「なんとなく」夜更かししている

世界でもっとも眠らず、もっとも夜更かしなのに、もっとも勉強をしない日本の子どもは、いったい何をしているのでしょうか。

桃山学院大学・高橋ひとみ教授の調査によると、大阪のある小学校では平均就寝時間が遅くなるにつれて「テレビゲーム＋携帯ゲーム＋テレビ視聴」にあてる時間が長くなり、九時までに寝る子どもはせいぜい二時間なのに対し、十二時以降に寝る子どもはその実に三倍以上、一日平均七時間近くも、テレビを観たりゲームをしたりしていました。

一日に七時間ということは、一年三百六十五日で年間約二千五百時間。現在、小学校四年生以上の一年間の授業時間は約七一〇時間ですから、その三・五倍もの時間、メディアと接触していることになります。

ただし、こんなデータもあります。一九九六年の『児童・生徒健康状態サーベイランス』で、小・中学生に夜更かしをしてしまう理由を聞いたところ、第一位は小学校三年生以上ではすべて、ゲームでもテレビでも、もちろん勉強でも読書でもなく「なんとなく」

でした。また、二〇〇四年の『東京民研学校保健部会報告』になると、第一位の座は小・中学生ともに「テレビ視聴」に譲るものの、二位はやっぱり「なんとなく」なのです。

……「なんとなく」みんなが起きていて、「なんとなく」テレビや灯りがついていて、「なんとなく」自分だけ寝るのもつまらないから、「なんとなく」今の子どもは夜更かしをしている。つまり「なんとなく」夜更かし傾向にある家族や社会的環境が、子どもを「遅寝・遅起き」の悪循環に陥れているといってもいいのです。

社会の二十四時間化、これにともなう親たち大人の生活習慣の夜型化が、「眠らない子ども」「夜更かしする子ども」の背景にはあります。あるいは残業や「寝ないで働くこと」を美徳とする社会通念が諸悪の根源だと指摘する睡眠学者もいて、残業はとくに父親が子どもと触れ合う時間を奪い、母子密着を加速させます。実は日本は、子どもと過ごす平均時間の男女差が世界でもっとも大きい国でもあり、子どもが父親と過ごす時間が世界的に見ても非常に少ないのです。

子どもは身近な大人と関わることで対人関係を学びますが、そのスキルアップをはかろうにも、そばにいるのはいつも母親だけで、父親と話そうとすれば夜遅くまで起きていなければならない。だからテレビを観たりゲームをして、なんとなく夜更かしをし、生身の大人との会話が少ないから、子どもの対人関係はますます稚拙になる……と、ここにも悪循環があります。

「子どもは早く寝なさい！」と言っている大人たちがまずはしっかり眠れるようにならないと、子どもの「なんとなく夜更かし」を断ち切ることは難しいのかもしれません。

20

なんとなく夜更かしの悪循環を断ち切る「入眠儀式」

とはいえ大人には大人の事情もあり、いくら子どもの脳のためでも親まで早く眠るわけにはなかなかいきません。そこで睡眠学者たちが注目するのが「入眠儀式」です。

入眠儀式というのはもともと「この毛布でなくちゃ眠れない」とか「これをしながらでないと寝つけない」といった、広く眠りに関するこだわりや執着、習慣やクセを示す言葉で、乳児の六割にはよく観察すると何かしらの入眠儀式があるといわれています。

私たち人間はすでに眠りを安らかなものとしてとらえていますが、本来動物にとっての眠りとは、外敵に対して無防備に身をさらすことになる、非常に危険かつストレスフルな行為。ですから赤ちゃんにしても眠りにつく際にある決まった段取りを踏むことで、自分は眠っても大丈夫だと、いわば暗示をかけようとするわけです。これは生物学的には実に理にかなった行為で、入眠儀式がもたらす安心感が、安らかな眠りにつながるのです。

この入眠儀式をうまく利用することで「このことをすると、もう自分は寝る時間なんだな」と、子どもに習慣づけさせることもできると、睡眠学者はいいます。

もちろんその子、その子にあった入眠儀式を見つけてあげることが大事ですが、

- パジャマに着替える
- 歯みがきをする
- 明日着て行く洋服を枕もとに揃える

といった、ごく簡単な儀式でかまいません。

- 家族全員に「おやすみなさい」と、あいさつをしてまわる

など、寝るという行為をより自主的・積極的にとらえられるような儀式なら、なおさらいいでしょう。

もう少し小さな子どもには「ここは寝る部屋なんだ」と、寝室＝眠る部屋ということをしつけるだけでも違ってきます。

大人と子どもは違う、大人には大人の、子どもには子どもの時間があって、大人が起きていても自分は眠るんだと、けじめをつける習慣を幼いころから身につけることが、のちのち「遅寝・遅起き」の悪循環を断ち切ることにもつながるのです。

21

添い寝をするなら静かな暗い寝室で

小さな子どもを寝かしつける際のもっともポピュラーな儀式に、添い寝があります。添い寝は子どもに安心感を与え、親と子を精神的にかたく結びつけてその関係をよくする、また、乳幼児突然死症候群（ＳＩＤＳ）の発生頻度を低くするともいわれています。

その一方で、寝かしつける側の親たちの生活パターンに、子どもを巻き込むことにもなりかねません。親が添い寝してくれないから子どももいつまでも寝られないという、入眠儀式としては逆の効果を生むケースも少なくないのです。

したがって添い寝にはよい面も悪い面もあり、いいとも悪いとも一概にはいえません。ただ少なくとも、親が灯りのついた部屋でテレビを見ながらその片手間に子どもを寝かしつけたり、もっとひどい場合には居酒屋やカラオケボックスで大人同士ワイワイやりながら、その横で子どもを寝かしつけるようなケースは論外です。夜の光はメラトニンの分泌を抑制し、子どもの健やかな成長を阻害するのです。

添い寝をするなら、まず、リビングなど大人たちが起きている部屋は避け、別の部屋で子どもの眠るべき時間に寝かしつけることです。部屋はなるべくなら暗いほうがよく、静かな部屋のなかで、子どもをきちんとベッドやふとんに眠る体勢にさせましょう。その隣で、お母さん・お父さんは絵本を読んであげたり、お話をしてあげたり、静かに歌を歌ってあげたりしてください。そうこうする間に、子どもは知らず知らずのうちに眠りに落ち、お母さん・お父さんはそれを確認したら電気をすべて消して、部屋のなかを暗くする。要するにメラトニンの活発な分泌を促すのです。

また、何歳まで親が添い寝をしていいかについては、これも諸説あり、基本的にはその子、その子で違うと考えるべきでしょう。そしてその子の成長にあわせて、「歯みがきをしたから寝る」「『おやすみなさい』のあいさつをしたから寝る」といった入眠儀式も取り入れ、できれば子どもが寝る行為を自主的・積極的に捉えられるようにしたいものです。

22

赤ちゃんの手足が温かいのは「眠れ」のサイン

赤ちゃんによりよい睡眠をとらせるには、当然ながら眠るのにもっとも適した状態になったときに眠らせるのが一番。そのサインは、赤ちゃん自身が発しています。

大人は、明日は何時に起きなければならないから今夜は何時に寝ようなどと「寝る時間」「起きる時間」を意識的に決めますが、赤ちゃんは違います。「寝るべき時間」「起きるべき時間」はカラダが決めていて、そこには体温の上昇・下降が関係しています。

人間の一日の体温変動を計測すると、おおむね「朝・明け方に最低体温になり、午後から夕方にかけて最高体温になる」というカーブを示します。この体温の変動もまた生体時計がつかさどり、朝の光を浴びることによって二十四時間周期にリセットされます。

そして、最低体温から大体二時間の間に目が覚め、最高体温から二時間の間に寝入るのが、本来の理想的な睡眠です。人間は体温が下がり始めたときにもっとも眠りに就きやすく、逆に上昇し始めたときがもっとも起きやすいのです。赤ちゃんの場合は大人とはそのカーブの幅が違うので、短いセットの睡眠を何回もとることになりますが、理想的な睡眠

図5：1日の体温の変化

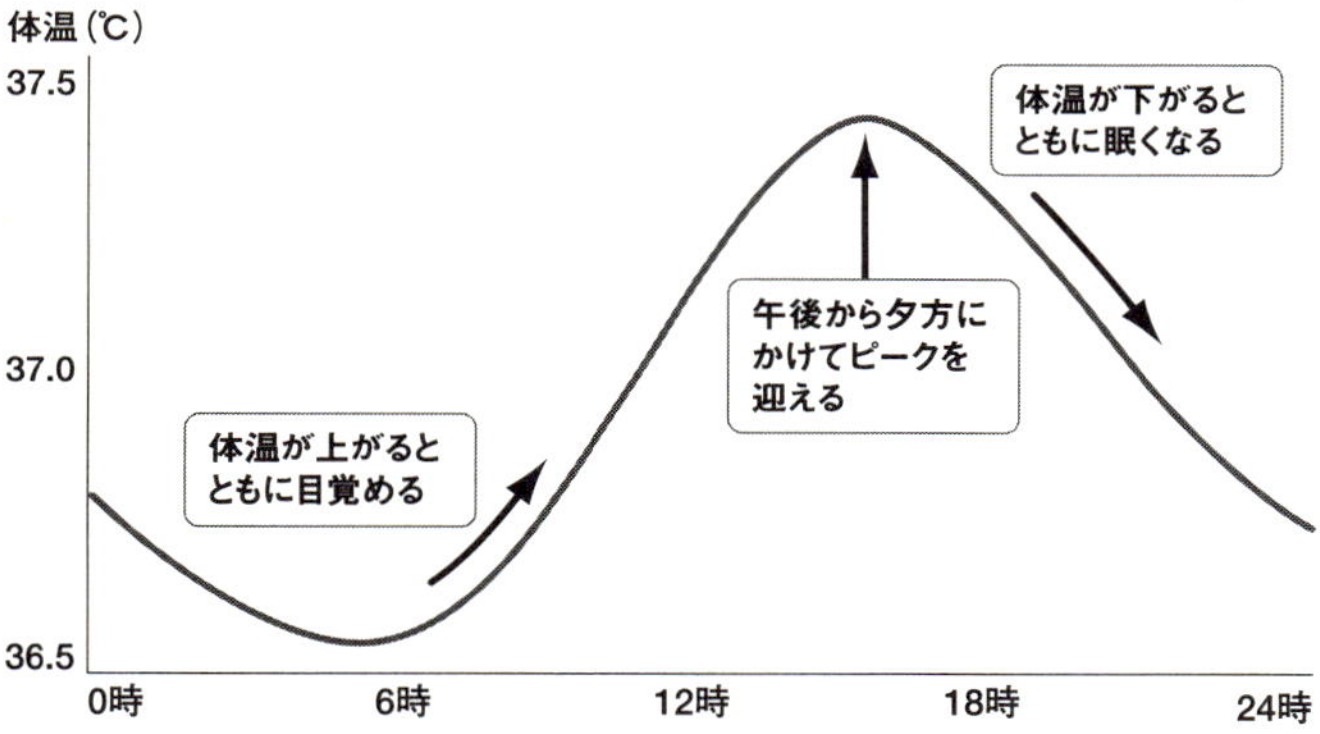

（出典）Webサイト「早起きサイト」内の神山潤氏資料より作成

をとるためのサインは体温変動が教えてくれることに、大人も子どもも変わりはありません。

だからといって、赤ちゃんの基礎体温を常に測ること自体難しい。あくまで目安ですが、たとえば赤ちゃんの手足が熱を帯び、ポカポカしてきたら、それはカラダがそろそろ寝る態勢に入ったというサインだと考えていいでしょう。最高地点に達した体温が、手のひらや足の裏から熱を放出することで下がり始め、すなわち「私は眠る準備ができましたよ」という、赤ちゃんからの無言のメッセージというわけです。

このようにカラダが眠ることを欲している状態のときに眠りに就くことが、赤ちゃんにより安らかな眠りをもたらし、睡眠中に分泌される「メラトニン」や各種成長ホルモンも、より適正に分泌されるのです。

23

毎日同じ時間に寝ることを習慣づける

眠りに関しては「何時に眠るか」と「毎日規則的に寝ているか」が、実は睡眠時間の多い・少ないよりよっぽど肝心です。そして「何時に眠るか」は、睡眠時間の量そのものにも、大きく関わってくるようなのです。

こんなデータがあります。

まずこの調査では、次の①②にあてはまる四～六歳の子どもを集めます。

① 規則的な生活をしている子ども＝毎日の寝る時間・起きる時間がほぼ決まっている

② 不規則な生活をしている子ども＝大人と一緒に夜九時以降に外出することが週二回以上ある／ふとんに入るのが夜十一時以降になることが週四回以上ある……など、眠る時間が定まらない

そして、親たちに『チャイルド・ビヘイビア・チェックリスト』という、質問の意図がわからないようにランダムに並べた百十三項目に関して、自分の子どもの行動が「あてはまる・ややあてはまる・あてはまらない」と、単純に三択を埋めていくアンケートを実施

しました。その答えを、実はもとから意図してあった八つの症状群ごとに整理して、それぞれの点数を分析したところ、次のような結果が出ました。

●「ひきこもり傾向」「不安」「抑うつ的」「攻撃的」などの症状群に関して、②の子どもの点数が圧倒的に高い

これを仮に結果Aとします。ただし、このなかには「不規則だけどたくさん寝ている子」「規則的だけど睡眠時間の少ない子」も当然います。そこでもう一度、親たちの回答をシャッフルして、今度は睡眠時間ごとにグループ分けし、それぞれを比較してみると、

●睡眠時間の多いグループと少ないグループの点数に、ほとんど差は見られなくなる

そしてさらにもう一度、何時に寝て何時に起きるかで、Ⅰ「早寝・早起き群」、Ⅱ「遅寝・遅起き群」に、親の回答を分類しなおすと、

●Ⅰの子どもとⅡの子どもでは結果Aのように、遅寝群の点数がハッキリと高くなる

つまりこの「睡眠習慣の規則性」「睡眠時間」「就寝時間」の三段階分析によって、早寝早起きを、規則的にすることが、子どもの心身の成長にとっては、物理的に何時間寝たかということよりも、ずっと大事だという結論が導き出されたのです。もちろん睡眠時間があまりに少なすぎるのは問題ですが、実はその点でも「夜は早く寝る子ども」のほうが、「夜更かし群の子ども」よりも、睡眠時間が長くなる傾向にあるのです。

小学生および中学生の就寝時間と起床時間を調査すると、小・中学生とも遅寝・遅起きの子ほど睡眠時間が少なく、全体に寝不足傾向にあります。こうした子どもの多くは午前中の授業からしてもう眠く、「正直にいうと頭がボーッとした状態で授業を受けている」と打ち明ける子どもが、小学生の男子で五割、女子で六割、中学生男子で七割、女子ではなんと八割もいるという〝ホンネの調査結果〟があるほどです。

もちろん子どもが幼稚園や学校に行く時間は毎日何時と決まっていますから、夜更かしすると睡眠時間が結果的に短くなるのは、ある意味当たり前だともいえます。ただ、そうした制約がないもっと小さな子どもでも、夜更かしをすると睡眠時間の全体量は削られる傾向にあるのです。

幼稚園にも保育園にも行っていない一歳半の子どもを、①九時から十時に寝る、②十時から十一時に寝る、③十一時以降に寝る、の三つのグループにわけて睡眠時間を調べたところ、①よりも②、②よりも③の子どものほうが、睡眠時間が短くなったのです。

よく「子どもは寝るのが仕事」などといわれますが、そんなに単純なものではなく、少なくとも「子どもというのは放っておいても、夜になったら眠るもの」ではありません。

そもそも放っておけば、一日二十四・五時間の周期を刻む生体時計がフリーランしてしまう人間のカラダは、生体時計が動き始める生後一ヵ月の赤ちゃんからして夜更かし・朝寝坊をしやすくできています。この二十四・五時間の生体時計と地球時間である二十四時間のズレを調節できるのは、朝の光だけ。だからこそ規則正しく、早寝早起きをする習慣を小さいうちから身につけることが大切なのです。

24

午前中に眠くならなければ「ちょうどよい睡眠」

子どもにとって適正な睡眠時間の目安については、

「午前十時から十二時のあいだに、眠くならないで、パッチリ目を開けていられれば、だいたい睡眠は足りている」

と、いちおう赤ちゃん以外に関しては考えていいでしょう。つまり学童以上の場合、三時間目、四時間目の授業中に眠くなったり、居眠りをしたりするようでは、人間本来の「睡眠・覚醒リズム」からいって、その子の睡眠はまったく足りていません。

人間の睡眠に関するリズムには、サーカディアンリズム——もともとは約二十四・五時間周期だが、朝の光による同調のおかげで二十四時間周期で繰り返される大きな波と、「ウルトラディアンリズム」——もっと短い周期で変動する小さな波があります。つまり、一日単位のリズムを刻む体温変動などによって、夜は眠くなり、朝は覚醒する大きなリズムのなかに、さらに覚醒と睡眠に関しては短い周期のリズムが観測されるのです。このウルトラディアンリズムは、大人では約九十〜百分の周期で繰り返され、生まれたばかりの赤ちゃんは四十〜五十分と、その周期が大人の半分程度に短くなっています。

私たちのひと晩の眠りのなかでは、俗にいう浅い眠りである「レム睡眠」(Rapid Eye Movement=閉じたまぶたの下で眼球が急速に運動している睡眠。夢を見るのはレム睡眠中とされる)と、いわゆる深い眠り=「ノンレム睡眠」のセットが、何回か繰り返されています。この一セットに費やされる時間についても、小さな子どもほど短く、赤ちゃんがようやく寝たと思ったら、また夜泣きで、ひと晩に何回も起こされたりするのも、ひとえにこのリズムのせい。赤ちゃんのせいではありません。

さて、この小さな波は、昼間、起きているときにも、ある一定のリズムを刻んでいます。そのリズムの変動を見ると、朝起きて、夜眠る人の場合、午前十時から十二時ごろにかけてはもっとも覚醒しているはず。つまりこの時間帯に眠くなるということは、その人は夜の睡眠自体に問題があるということになります。

一方、昼食をとってしばらく経ったあとなどに眠くなるのは、実は生体時計にもとづく人間本来のリズムなのです。とくに午後二時から四時くらいに、人間は明け方(朝四時から六時くらい)の次に眠気が強くなるようにできていて、大人も子どももその点はあまり変わりありません。午前中の会議や授業で眠くなるのは明らかな睡眠不足ですが、午後に眠くなるのは、いわば人間として当然の「自然現象」なのです。

25

昼寝は午後に十五分。眠かったら眠り、眠くなかったら眠らない

午後、昼ごはんを食べたあとから、おやつどきにかけて眠くなるのは、大人も子どもも変わりません。このウトウトには睡眠不足かどうかはあまり関係がなく、あくまで私たちのカラダが刻む睡眠・覚醒リズムによるものです。

そして「午後、眠たくなったら、我慢しないで寝ること」が、それ以降の集中力アップや気力の高まりにつながると、睡眠学の世界ではいわれています。

この午後の昼寝は、睡眠不足だからするわけではありません。したがってポイントは、十五分から、長くて三十分ほど、あくまで短く、ちょっと寝ること。これは大人も同じです。しかし間違っても「何時何分から何分までは昼寝の時間＝眠らなくてはいけない時間」などという時間はつくってはいけません。「眠りたければ眠り、眠くなかったら寝なくてもいい時間」を持つことが、睡眠学的にはより上手な昼寝をするためのコツです。

幼稚園や保育園には子どもをいっせいに寝かしつける「お昼寝の時間」がありますが、今は眠くないとうったえる子どもに対しては、

「無理して寝なくてもいいよ。でも、みんなはお昼寝しているから、ちょっとだけ静かにしていようね」

というくらいのゆるやかな対応が望ましいところです。また、家庭でも、子どもが昼寝をしている時間は、ふだん子どもの世話に追われるお母さんがたにとっては、家事などがはかどり、ホッと一息ついたりもできる貴重な時間であることは確かです。とはいえ、

「今はお昼寝の時間でしょ。早く寝なさい！」

と、別に眠くない子を無理やり長時間眠らせると、その子なりの睡眠・覚醒リズムを、かえって崩してしまうことにもなりかねません。度を過ぎた寝不足や夜更かしには問題があるものの、睡眠には子ども・大人を問わず、基本的に個人差があるのです。

たとえば台湾では、亜熱帯ということもあって小・中学校に昼寝の時間があり、世界一眠らない日本の子どもの次に夜更かしな台湾の子どもは、足りない睡眠時間をそこで補っているとの指摘もあります。もしその日の睡眠時間が極端に足りないようであれば、確かに昼寝をさせるのもいいでしょう。ただし、あくまで夜眠れなくならない程度にです。

なんだか今日は寝不足で眠い→今夜は早く寝ようというほうが、子どもの脳やカラダのリズムを守るうえでも、これを機に「早寝・早起き」の好循環にシフトするためにも、ずっとよいのはいうまでもありません。

26

まずは「早起き」からはじめよう

文部科学省では二〇〇六年度より、おもに小・中学校の子どもを対象にした「早寝早起き朝ごはん」運動に取り組んでいます。

その名のとおり、夜は早く寝て、朝は早く起き、そしてしっかり朝ごはんを食べてから登校する——。そんな、本来はごく当たり前とも思えることをあらためて習慣づけるべく、文科省が音頭をとって有識者などからなる「早寝早起き朝ごはん」全国協議会を組織し、現在、教師・保護者・生徒等に向けた各種講演なども各地で行われています。

この取り組みの背景には、いわゆる「キレる子ども」の増加への危機意識があり、また、保護者同伴ではあれ子どもの姿が深夜の繁華街などでよく見かけられるようになったことに対する問題意識があります。文科省では九〇年代後半から「児童生徒の問題行動等に関する調査研究協力者会議」などを通じて、子どもの突発性攻撃的行動をめぐる調査・分析・研究を、脳科学や児童心理学、犯罪研究の専門家や医師、教育関係者らと、垣根を越えたかたちで行ってきました。しかし決定的な結論はいまだ得られないなか、とりあえずスタートしたのが「早寝早起き朝ごはん」運動といえるでしょう。

実際「早寝早起き朝ごはん」が子どもの心やカラダ、そして脳の健全な育成にとって非常に大切なことは、さまざまなデータがすでに示しています。その効果を十分生かすためにも、「早寝をするには、まずは早起きをすることから！」と、むしろ「早起き・早寝」をすすめる睡眠学者もいます。

夜はなるべく早く、子どもを寝かしつける——それができるのなら、もちろん順番などどちらでもかまいません。しかし現代の子どもにはテレビにゲームにパソコンなど、夜更かしにつながる誘惑・娯楽が、数え切れないほどあるのが現状です。なかには眠ったふりをして、ふとんのなかでこっそりゲームに興じている子どもがいても不思議はありませんし、「眠る」に関しては実際のところ、親たちが完全に管理をするのはなかなか難しい部分もあります。

しかし「起きる」に関しては、無理やりにでも叩き起こせばいいともいえます。まずはカーテンを開けて、朝の光を浴びさせる。それでもまだ子どもがしぶとく寝ているようなら、ふとんを引っ剝がすくらいの手荒さはあってもかまいません。そして、その日一日くらいの睡眠不足には目をつむり、とにかく早起きをまずはさせて、昼間は外で遊ぶなり何なり、運動量を増やすようにしむけ、子どもが疲れて早く眠ってしまえば大成功です。

子どもによりよい睡眠をとらせるには、周りの大人たちが「昼間の活発な活動」をなんとかして保証してあげることがとにかく大事です。それでなくても広場もなければ空き地もなく、外で遊ぶといっても不審者や交通事故や怖いことだらけで、子どもが家のなかにこもりがちな現代の都会では、「子どもは放っておいても夜になれば眠くなる」なんて、もはや幻想なのです。そして「夜更かし→朝寝坊→慢性の時差ボケ→昼間の活動量が十分に確保できない→夜眠れない」という負の連鎖を断ち切り、「早起き・早寝」の好循環に切り替えるためには、何はなくともまず早起きから！

それもこれも子どもの心とカラダ、そして脳の、健やかな発達と成長のため。朝のセロトニンも、夜のメラトニンも、とかく高まりにくい現代という環境にあって、どちらも十全に分泌させるためなのです。

第三章　コミュニケーション脳力の高め方

27 見つめられたら、見つめ返す

脳の発達初期、とりわけ言葉をおぼえる以前の乳児期は、子どものコミュニケーション能力を育むうえで、非常に大事な時期です。

というのも、この時期の「言葉にたよらないコミュニケーション」の経験こそが、のちのち会話力や表現力など、人間関係力を身につけていくための重要なカギを握っているからです。

「視線による会話」も、そのひとつです。

たとえばテーブルに飾ってあるチューリップをじーっと見つめていた赤ちゃんが、今度はしきりにお母さんのほうを見る――これは「自分はその対象に興味がある」ということを伝えようとするコミュニケーションの第一歩。そして、自分の意思が相手に伝わった「確信」を、この時期に重ねて得ることが、脳の発達にとってはとにかく重要なのです。

つまりその子は、まだ言葉こそ話せないけれど、視線を使って、「お母さん、見て、見て」「きれいだね」と、「確認」や「共感」を促しているわけです。そんなときは、「その花を手に取って匂いを嗅がせてあげる」とか、または「見つめ返す」「微笑み返す」といったことでも、赤ちゃんは自分の意思が相手に伝わったと実感することができます。

そうした「伝達→反応」の体験を繰り返すなかで、発達初期の脳は自分以外の世界と関わることを学び、言葉をおぼえるはるか以前から、コミュニケーションに関する基礎能力を培っているのです。

人間はとくに視覚に関する能力が発達していて、白目と黒目がこれだけハッキリしているのも、実は動物のなかで人間だけです。昼行性動物にとって視覚情報を得るということは基本的に有利に働き、とくに力が強いわけでもカラダが大きいわけでもない人間の視覚は、周囲の状況をより正確に把握できるよう進化してきました。そうでなければ生き残れなかったともいえます。そして黒目の中心、俗に瞳といわれる部分はもっとも視覚情報の解像度が高く、対象物を網膜のどの部分にもってくるかによって、どれだけ細かく調べられるかが違ってきます。すなわち、黒目の中心で対象物をとらえようとするということは、その対象からより多くの情報を得たがっているということになります。

だからこそ人間は「黒目の中心で何かを見る」＝「その対象に興味や関心がある」という自分の思いを視線によって誰かに伝えることもでき、相手も「ジーッと見ているということは興味があるんだな」と、その意思を無言のうちに受け取ることができるわけです。

黒目と白目のハッキリした人間の視覚構造が、ひいては「見る・見つめる＝対象への興味や注意の表れ」という社会的な共通認識を生んでいるのです。

つまり視線の方向や、「ジーッと見ている」か「チラッと見ているだけか」といった目の凝らし方を、コミュニケーション上の「情報」として共有しているわけで、そんなことができるのは人間だけです。他の動物が何かを見つめていても、それは単に見ているだけで、「その花に興味があるんだな」「好きなんだなあ」とは、仲間の動物は思いません。

「見つめる＝興味がある」と伝えている赤ちゃんに対して、親が「見つめ返す＝あなたがこれに興味があるということを、私は理解しました」と伝え、さらに「私もそう思う」と、共感まで伝えられる、「視線によるコミュニケーション」が、人間には可能です。

そして、「自分は誰かにちゃんと気持ちを伝えられたんだ」という伝達の実感や、「相手もわかってくれた、肯定してくれた」という共感の経験が、のちのち円滑な人間関係を築いていくうえではもちろん、実は言葉を習得する際にも、大事な素地になるのです。

見つめられたら見つめ返す、微笑み返す……そんな小さなリアクションも、大事な「会話」なのです。

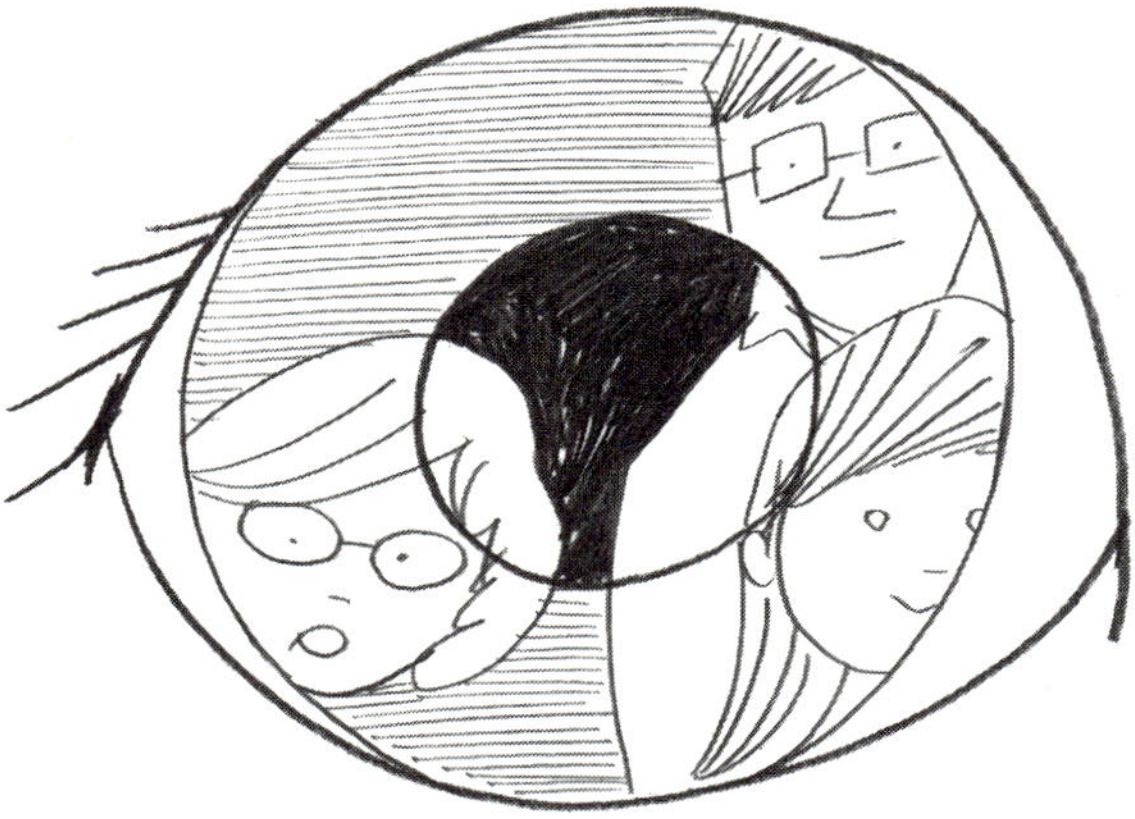

28

「指差し」は、言葉以前のコミュニケーションツール

赤ちゃんはだいたい生後十～十一ヵ月になると「指差し」をはじめるようになります。

ある日、公園に日向ぼっこに行くと、大きな犬が散歩をしていました。すると赤ちゃんはその姿を目で追いかけては、親を見ることを何度か繰り返し、やがて「ンー、ンー」と言葉にならない声を出しながら、向こうを指差しています。その指の先には犬がいて、よほど気に入ったのか、こわかったのか、その指先にあるものに対する興味や好意、または恐怖や「要注意情報」を、その赤ちゃんは何とか親に伝えようとしているのです。

この指差しもまた、大事な「言葉以前のコミュニケーションツール」のひとつです。

遠くに離れた何かを指差して、自分の関心を伝えようとするのも、実は人間ならではの行為です。空間を隔てた先にあるものを「あれ」、近くにあるものを「これ」と指差すということが、たとえばチンパンジーにはありません。仮に何かを指差しているように見えたとしても、その指差しには「伝達機能」がなく、たとえば、足もとに落ちているバナナの皮に指先が触れていても、それは単に「触っている」だけ。指先と対象物に距離がある

場合は、たまたま指先の向こうにモノがあっただけなのです。

かたや赤ちゃんの指差しには、この「伝達機能」がありすぎるほどあります。その指先には確かな意思が宿っていて、単に「あれ」「これ」「それ」といった指示代名詞の代わりをするばかりでなく、「好き」「かわいい」「大きい！」など、自分が何を感じたかまで伝えられる「言葉」の役割を果たすのです。

そして、その犬なり何なりを指差したあとには、赤ちゃんは必ずといっていいほど親を見ます。その一連のコミュニケーションを、親がきちんと受け止めてあげることが大切です。まずは赤ちゃんの指の先にあるものを見て、次に赤ちゃんの瞳を見て、「大きいね」「かわいいね」「でも、ちょっとこわいね」と、赤ちゃんの気持ちを言葉にしてあげる。視線と、言葉と、できれば笑顔とで、赤ちゃんの「言葉」に応えてあげてこそ、赤ちゃんは自分の言葉が「伝わった」ことを実感できるのです。

コミュニケーションとはつまるところ、言葉や気持ちの「やりとり」です。言葉はまだ話せなくても、こちらからあちらへ、またこちらへと、思いを伝えては受け取り、受け取っては伝えることが、赤ちゃんにもできるどころか、その瞳や指先は雄弁すぎるほど。

そんなおしゃべりな相手との「会話」を互いに楽しみながら、親と子のあいだに確かな関係を築いていくことが、すべての人間関係のはじまりなのです。

29

自己・他者・対象物のトライアングルで、自他の認識を育てる

何かを指差して、相手を見つめる。この「言葉以前のコミュニケーション」において育まれるもうひとつの大きな要素が、「自他の認識」——つまり自分と他人の区別に関する意識です。

この人間社会にあって、私たちは誰しも、『「自己・他者・対象物」のトライアングル』のなかに生きているといえます。そして、この三角形のなかに身を置くことが、とくに発達初期の脳にとっては大事な経験になります。

たとえば、初めて寝返りを打てた、初めてつかまり立ちができたというとき、赤ちゃんは必ずといっていいほど母親なり、父親なり、「他者」を見ます。その「他者」が喜んだり、笑ったりしている「反応」を見ることによって、赤ちゃんは自分の行動が誰かに何らかの「影響」を及ぼすことを、初めて知るのです。

そして、自分が何かすると誰かに影響を与えることを知った赤ちゃんは、「自分」がいて、自分とは違う「他者」がいて、さらに「対象物」がある、そのトライアングルの関係

を使いながら、自分以外の誰かとコミュニケーションをとることを徐々におぼえていきます。これがひいては、自分という「あらゆる行動における主体」について、学んでいくことにもつながるのです。

自分は自分であって、他人とは違う——。これは、私たち大人なら誰もがごく自然のうちに理解している自明のことですが、そんなごく当たり前のことにしても、脳は与えられるべき経験を、与えられるべき時期に与えられなければ、学ぶことができません。だからこそ赤ちゃんに自他の区別を理解するための環境と経験を与えることは、わが子を「人」たらしめるためにも、きわめて重要なのです。

たとえば鏡に映った自分を、人間はかなり早い段階からそれが鏡のなかの自分だと認識できます。また、チンパンジーでも認識できるのですが、これがニホンザルになるとなかなか理解できません。

さらに人間に限っては、自分の目線ではなく「相手の目線に立って物事を考える能力」をのちに培うこともでき、四～五歳くらいになると、相手が自分とは違うことを考えているかもしれないことにも、理解が及ぶようになります。

これらはすべて、「自己」と「他者」を、違うものとして認識できて初めて、可能になるのです。

まずは赤ちゃんとの間に、オモチャなどの興味を示しそうなものを置き、「赤ちゃん＝自己」「お母さん＝他者」「オモチャ＝対象物」のトライアングルの関係を作ったうえで、赤ちゃんからの視線や指差しといった「言葉にならない言葉」を受け止めることからはじめます。

たとえば、オモチャを見つめていた赤ちゃんが、次に母親を見る。そのとき、「そう、このオモチャで遊びたいの？　はい、どうぞ」と言ってオモチャを手渡すと、赤ちゃんはひとしきりオモチャを触ったり、なでたり、じっと見つめたりしたあとに、母親に手渡すかもしれません。そこで「どうもありがとう」と言って、そのオモチャを、たとえばガラガラならガラガラと鳴らして見せたあと「はい、どうぞ」と言ってまた手渡します。すると自分でもガラガラを振ってみた赤ちゃんは、同じように音が鳴るので大喜び……。

と、そんなふうに「はい、どうぞ」「ありがとう」と、誰かとやりとりすることを何度も繰り返し、さらに「オモチャを動かす」「位置をいれかえる」、または「隠す」など、大人もいろいろと働きかけるなかで、赤ちゃんは「自己・他者・対象物」のトライアングルを使ったコミュニケーションのとり方や、自分と他人は違うことを少しずつおぼえていきます。

「自分」を確立し、「他者」を確立し、「自」と「他」の関係性についての認識を、明確に築き上げることは、すべてのコミュニケーションの基礎中の基礎。だからこそ「自己」がいて、「他者」がいて、その他者と「モノ」を介してやりとりできるような状況を、赤ちゃんには意識的に与え、発達初期の脳に「自己・他者・対象物」のトライアングルの関係を、意識的に刷り込むことが大事なのです。

また、そうした自他の認識が確立されて初めて、子どもは誰かの動作を「真似る」ことができるようになります。この真似ができるということと言葉の発達とは、詳しくはのちに書きますが、実は非常に強い相関関係があるのではないかと、脳科学者のあいだでは考えられています。

「自分」がいて「他人」がいて——。自意識の萌芽はここからはじまるのです。

30

「それ、ちょうだい」「半分こ」が思いやりを育む

実は、何かを「はい、どうぞ」と他人に渡したりするのも、他の動物にはめったに見られない、人間特有の行動です。

母親から「はい、どうぞ」と手渡されたオモチャを、「はい、どうぞ」と渡して、モノをやりとりすることをおぼえた赤ちゃんは、そのうち自分が大事にしているオモチャを「はい、どうぞ」と言って、友だちに貸してあげることまでできるようになります。

また、ひとつしかないものを「半分こ」にするというのも、他の動物はほとんどやらないことで、これも「人間らしい行為」のひとつ。とくに食べ物を誰かと分けあい、「自己」も「他者」も、みんながちょっとずつ満足できるように工夫するなんて、人間にしか到底できません。

たとえばメロンパンはひとつしかないのに、食べたい人は二人なり三人いるとします。そして、自分だけが食べることだってできるし、そのほうがお腹はいっぱいになるというとき、「でも、みんなでわいわい分けあったほうが楽しいいし、もっともっと美味しく食べ

られる」などということは、サルもチンパンジーも基本的に思いません。もちろん親鳥がヒナ鳥に餌を運んで、口移しに食べさせていたり、分けあっているように見えることもあります。しかしこれは、子孫に餌を与え、育てることが、その親鳥の遺伝子に繁殖行動の一環として組み込まれているからで、彼らのモチベーションはあくまでも種の保存にあります。

対して人間には、どうやら「助け合い」や「思いやり」に関する素地が、まだ小さな子どもにもあるようで、そんなせっかくの「才能」を開花させるためにも、「自己」と「他者」に関する認識を「モノのやりとり」を通じて育むことが大事なのです。

「それ、ちょうだい」「はい、どうぞ」と、何かを差し出したら、相手に「ありがとう」と言われた……そんな、自分が何かすることで誰かが喜んでくれる「経験」は、子どもの脳にも当然ながら喜ばしい経験としてインプットされます。そして、自分と同じように、相手にも感情や思いがあることを知り、その「他者」とモノだけではなく気持ちをやりとりすることが楽しいと思えるからこそ、子どもは自分以外の誰かと助け合い、思いやり、人と関わることに、肯定的な感情を抱くこともできるのです。

31

相手の立場に立って考えられるのは四、五歳から

わが子を相手の気持ちのわかる、思いやりのある子に育てたいと、親ならば誰もが思うでしょう。しかし、相手の立場に立って物事を考えられるかどうかについては、三、四歳くらいまでの子どもと、幼稚園・保育園も年長組になった子どもとでは明らかな差があるようなのです。

こんな実験があります。

Ⅰ　ある男の子の目の前で、お母さんがAの戸棚に男の子の大好きなお菓子をしまう
Ⅱ　つぎに、その男の子の見ていないところで、お母さんが戸棚Bにお菓子を移しかえる
Ⅲ　つづいて、その男の子がお菓子を探しに戻って来た

こうした状況を、紙芝居の要領で説明した後で、「さて、その男の子は、AとB、どちらの戸棚にお菓子があると思って、どちらの扉を開くでしょうか?」と尋ねます。

この質問を、①三、四歳までの子どもと、②五歳の子どもに、それぞれしたところ、①では「Bの戸棚」という答えがほとんどだったのに対し、②になると「Aの戸棚」という答えが圧倒的に増えたのです。

このクイズで答えるべきは、「自分」ではなく、「その男の子」が、戸棚を開ける時点で、何を知っていて、どう考えるかです。

この男の子は、Ⅱのシーンで「お母さんがお菓子をBの戸棚に移したこと」を知りません。つまり「男の子の目線」に立って考えれば、当然Aの戸棚にお菓子はあると思ってこちらを探すことになり、これが正解。

対して、Bと答えて不正解になった①の子どもは「お母さんがお菓子をBの戸棚に移したこと」を、自分は見て、知っているからBと答えたと考えられます。つまり、今はお菓子がBにあることを知っている「自分の目線」でしか、事態を把握できなかったのです。

このとき、①の子どもと②の子どもでは、自他の区別に関する脳の発達状況にどのような違いがあるのか、または、視点を自分以外の他者に移したとき脳のなかでは何が起きているのかについては、現時点では残念ながら解明されていません。

動物を用いた実験では「他人の立場に立って考える」「思いやる」行動そのものが期待

できませんし、三歳、四歳という、まだ小さな子どもの脳を直接調べることは難しいというのが現状です。

ただ、これらの実験結果を見るかぎり、相手の立場に立ち、気持ちをおもんぱかれるかどうかの分岐点は、どうやら四、五歳あたりにありそうだというのが、脳科学者たちの見解です。

だとすれば叱り方も当然、年齢次第で変わってくるべきです。

たとえば、ある子が犬に石を投げているとします。それが四、五歳の子どもなら「犬が痛いでしょう？　犬の気持ちになって考えてみなさい」という言い方、叱り方は成り立ちます。

しかし、もっと幼い、まだ自分以外の立場でものを考えられる能力がない子ども、まだ考えられなくて当然の子どもの場合には、「そんなことをしたら、相手がどう思う？」と叱っても、暖簾《のれん》に腕押し。叱った意味がありません。

したがって、「誰かに向かって石を投げるのは悪いことだから、絶対にしちゃいけません！」「イジメはダメだから、イジメてはダメ！」「ダメなものはダメ！」と、小さな子どもには理屈抜きに叱りつけるしかないのです。

「相手の理解や能力に応じて叱り方を変える」ことはとても大事で、家庭ではもちろん、幼稚園や保育園でのしつけも、もっと年齢ごとに配慮されるべきでしょう。

「そんなことをしたら、相手がかわいそうでしょ?」「なぜ、人の気持ちがわからないの?」といった叱り方は一見道徳的ですが、その理屈がきちんと理解できるようになった年ごろの子どもに用いてこそ、効果はあるのです。

「ダメなものはダメ!」と、一方的に言い聞かせることが、大事な時期もあるのです。

32
脳は放っておいては絶対に育たない

そうはいっても「イジメはダメ、ダメだからダメ！」と、小学生や中学生、ヘタをすると高校生にまで、今や理屈抜きに言い聞かせなければならないほど、「心が幼い」子どもが増えているといわざるをえません。それもこれも、子どもの自己と他者に関する関係認識を、脳の発達初期にきちんと育てられなかったことに一因があります。昨今よく話題にのぼる「他人に対する想像力」にしても、自己が確立していて初めて発揮されるのです。

自己・自我の確立というと、かえって子どもをわがまま放題の自己中心人間にしてしまうイメージがあるかもしれませんが、「確固としていながら、過剰に肥大することがない自己の確立」とは、決して子どもを甘やかして尊大にさせるものでもなければ、逆に周囲の目ばかり気にするように萎縮させるものでもありません。

「大きくも小さくもない、ちょうどよい自己」は、まず、母親や父親といった「初めて出会う他者」との関係を通じて得る「自己肯定観」がベースになります。そして、さまざまな失敗や成功を経験していくなかで、小さくなったり、大きくなったりもしながら、もちろん一生を通じて確立されていくべきものです。とはいうものの、やはり幼少期にある程度の基礎がつくられていないと、子どもは安心して自分を主張することも行動することもできなくなり、その不全感や漠とした不安は、それこそ一生を通じて、その子の人間関係に影《かげ》を落とすことにもなりかねません。

他人の気持ちを慮れない「心の幼さ」は、甘やかされて育ったからというより、むしろ自分という存在を肯定されてこなかった不満や不安から生まれることのほうが多いようです。過保護にはもちろん問題がありますが、「過放任」にこそもっと問題があるのです。

ときどき「子どもは放っておいても育つ」などと乱暴なことをいう人がいますが、脳の発達過程を考えてみれば、発達初期の脳が放っておいて育つものではない以上、子どもは放っておいては育ちようがありません。「脳というものは、放っておいたら絶対に育たない」――これは、どの脳科学者たちも口をそろえていう、脳研究の結論です。

与えるべき時期に与えるべき刺激や環境や経験を与え、自分がいて、他人がいることも意識的に学ばせなければ、コミュニケーション能力にしても発達するわけがない。まして少子化傾向にあって兄弟・姉妹に囲まれる環境が望みにくい今、自分のためばかりでなく誰かのためばかりでもない、自己と他者の「ちょうどよい関係」に関する感覚を育むことには、以前より意識的に取り組むよりほかありません。

自分がしっかりあってこそ、誰かを思いやり、やさしくすることもできる。誰かがいるから、自分は自分でいられる——そんな持ちつ持たれつの関係のなかに誰もが生きていることを、誰かと関わることで、子どもにしても学ぶのです。過放任はダメ、ネグレクト（無視）は絶対にダメ。とにかく子どもにできるだけ関わってあげることが、親たち、大人たちのつとめなのです。

第四章 「学ぶ力」の基礎づくりは六歳までに

33

生後六ヵ月までの赤ちゃんはLとRの発音の違いがわかる

言語習得の臨界期は、だいたい生後六ヵ月くらいからはじまり、五、六歳で、母語に関しては、脳のなかの情報処理回路がある程度までは完成すると考えられています。

生後六ヵ月を境に赤ちゃんの脳が大きく書き換えられることを示した、次のような実験があります。

英語が日常的に話される環境で育ったアメリカ人の赤ちゃん（①）と日本語が日常的に話される環境で育った日本人の赤ちゃん（②）に、英語を母語とする人間が発した肉声が、まずはLからRへ、そしてRからLへと、徐々に変化していく様子を聞かせました。

そのときの①と②の赤ちゃんの反応を比較すると、次のような結果が出たのです。

- 生後約六ヵ月まで↓①と②のどちらの赤ちゃんも、LからRに、RからLに切り替わる際の音の違いを、同じように区別して聞いていた
- 生後約六ヵ月以降↓②の赤ちゃんには、LとRの音の違いが聞き分けられなくなる

この結果は、赤ちゃんの脳のなかでは生後六ヵ月くらいから、言語に関する、とくに耳

から入った音の刺激の「情報処理マップ」がつくられはじめることを示しています。

通常このマップは、母親や父親など身近な人間の話す母語でつくられます。①のアメリカ人の赤ちゃんは周囲が語りかける英語の、LとRの使い分けを含めたマップをつくるので六ヵ月以降もその差がわかりますが、②の日本人の赤ちゃんの脳内につくられるのは日本語のマップです。つまりLとRの音の違いを、生まれてしばらくは判別できた日本人の赤ちゃんも、生後六ヵ月以降は、良くも悪くも日本語用の言語処理マップが脳のなかにつくられていくために、LとRの違いがわからなくなったと考えられるのです。

もちろん言語に関する臨界期は五、六歳までつづくので、LとRの違いをわが子に習得させたいなら、日常的に英語（英語を母語とする人が話す英語）を聞かせるなど、脳内マップはそのあとの環境次第、経験次第で、いくらでも組み替えることはできます。そこはわが子をどんな子どもに育てたいかという親たちの選択次第なのですが、ことは英語に限らず、「聞こえない・見えない」環境が回路を消滅させ、「聞こえる・見える」環境がその能力を伸ばすのが、脳におけるものごとの学習・習得のセオリー。

したがって、言語習得の臨界期にまったく言葉に触れない環境にいると、言語そのものが理解できなくなるといわれています。たとえば、一九二〇年にインドの森の奥深くで、狼に育てられたカマラという少女が発見されましたが、彼女は、八歳（推定）で発見されてから九年後に亡くなるまでの間に、運動機能や感覚機能は回復したものの、より高度な脳内の情報処理を必要とする言語機能に改善は見られず、最後までしゃべることはできなかったといいます。だからこそバラエティに富み、かつ、バランスのとれた環境に子どもを置くことが大事で、LとRの違い以前に、まず言葉自体が「聞こえる」環境が、言葉に関する能力や感受性を育むことを忘れてはなりません。

子どもは、それが何語であれ、誰かから「語りかけられる」ことで、言葉というものがこの世に存在することを知ります。たとえ返事はなくとも赤ちゃんに語りかけることは、その子にとっては大事な「言葉の世界」への入り口となるのです。

34

「語りかけ」が赤ちゃんの脳に言葉のデータベースを築く

子どもにとって言葉を与えてくれるのは、まだ言葉を話せない赤ちゃんのころから自分に語りかけ、話しかけてくれた、父親・母親など周囲の大人たちです。

親たちの「語りかけ」に対して、発達期の脳がどこまで理解できているのかは、正確にはわかっていません。ただし、最初は単なる音声としてその声を聞いていた赤ちゃんの脳は、生後六ヵ月くらいになるとそれを「言葉」としてとらえるようになり、とくに母語に関しては、脳が特別な反応を示しはじめることがわかっています。

また、視覚に関する臨界期は生後十ヵ月くらいからはじまり、親が自分を見つめ、語りかけてくれたときの「口の動き」を、赤ちゃんは見ています。これは、のちのち言葉を話すうえでの大事なお手本として脳にインプットされ、物事や動作の意味をひとつひとつ理解していくなかで、それに対応する言葉の膨大なデータベースとしても機能します。

もちろん「語りかけ」は、情緒的にも子どもに安心感を与え、親子のあいだに信頼関係を築くためにも、まだ言葉を話すことがまったくできないうちからはじまっている言語能力の習得という観点からいっても、たいへん有効な方法です。「どうせ話しかけても、わかるはずがない」などと思わずに、赤ちゃんの目を見つめて、できれば笑顔で、優しく、楽しく、語りかけてあげることが大切なのです。

そんな父親・母親の姿から、人間は言葉を話す動物であり、言葉を介して誰かとつながりあえる動物だということを、赤ちゃんは初めて学びます。そして脳のなかでも、のちのち言葉を話すための準備が着々と進められ、話すこと、聞くこと、自分だけでなく誰かの気持ちにも思いをいたして助け合い、譲り合うことなど、広くコミュニケーションに関わる回路もだんだんに形づくられてゆくのです。

反対に言葉のまったくない環境、人と人が関わりあうコミュニケーションの存在しない環境は、子どもに言語能力も、コミュニケーション能力も、決して与えることはありません。言葉のない環境に育った子どもは、言葉を話し、聞くために必要な声帯や聴力には何の問題もなくても、言葉を話すことも、聞くこともできなくなる……というより、言葉というものがこの世に存在すること自体、理解することができなくなってしまうのです。

35

真似は、言葉の「概念」をとらえる大事な訓練

子どもは、口を大きく開くと「ア」という音が出て、横に引っぱると「イ」という音が出ることを、母親や父親が発した言葉を真似することからおぼえます。その一方で、親や周囲の大人など「他者」がするさまざまな動作を真似ているうちに、子どもは「その動作には意味がある」ということも、だんだんに学んでいきます。そして、これが言葉をおぼえるうえでは、とりわけ根本的な意味を持つのです。

たとえば「自分がプラスチックのコップで牛乳を飲む動作」と、「お父さんがガラスのコップでビールを飲んでいる動作」とでは、牛乳とビール、プラスチックとガラスという、明らかな違いがあります。しかし「どうやら『飲む』ということでは、ほとんど変わらないみたいだな」と、子どもは自分の動作とお父さんの動作を、次第に「同定」することができるようになります。つまり、一見異なる自分とお父さんの「飲む」は、何かしらの液体を口に入れて、のどをゴクゴクいわせながら飲み下す行為のことをいうんだなと、細部はそれぞれ異なる具体的な事象と、「飲む」という言葉を結びつけることによって、

その動作をいわば「概念化」「抽象化」できるようになっていくのです。

そして、「飲む」という動作の意味がわかるようになると、自分が使うプラスチックのコップと父親が使うガラスのコップは、全然違うものではあるけれど、同じ「役割」をするものなんだということまで、子どもはだんだんに理解できるようになります。つまり、材質や形や色は違っても、すべて「何かを飲むときに使われる食器＝コップ」だと認識して、「コップ」という言葉に関しても、その概念を正確に理解できるようになるのです。

このように「動作に関する理解」が、言葉を習得する際には何より大事で、飲む動作をするときに使う入れ物は「コップ」、投げたり蹴ったりする動作をするときに使う丸いものは、サッカーボールも、野球のボールも、全部「ボール」だと、目の前にある「モノ」ではなく、独立した「概念」に対して、子どもは言葉をあてはめることができるようにもなります。それが言葉をおぼえるということであり、言葉を理解するということ――。

誰かの真似をすることは、動作の意味を身をもって実感する貴重な経験となり、のちのち言葉をおぼえるためにも欠かせない訓練となるのです。

36

「私とあなた」がわかって初めて、言葉はおぼえられる

真似とは、そもそも脳のなかで、自分がいて、他人がいるという自他の関係認識がきちんと確立されていてこそ成り立ちます。そして「真似をすること」と「言葉の習得」には、ともに自他の認識に関する能力が深く関わっているようなのです。

自他というのは、簡単にいうなら「私」と「あなた」です。たとえば「私のマイブック」は相手から見れば「あなたのユアブック」になり、「あなたのマイブック」は「私のユアブック」になるという主体の切り替えを私たちはほぼ無意識のうちに行っています。

しかし、たとえば自閉症児にとっては、この「私とあなた」の使い分けが難しく、また、同じ自閉症児でもまったく言葉の出ない子どもとひとつでも言葉の出る子どもでは、真似に関する能力が違うという報告があります。たとえば医者が自分の頭に手を置いて「これを真似してみよう」と言うと、言葉のまったく出ない子どもは自分の頭ではなく、医者の頭に手を置こうとします。おそらくこれはその子のなかで「自他の区別」ができていないからだと考えられるのです。

電車やバスに乗っていて、大人しくしていられない子どもに「シーッ。みんなが乗っているんだから静かにしようね」と、母親が口許に人差し指を立てて言うと、その子どもは「シーッ」がよほど気に入ったのか、自分も人差し指を立てて「シーッ」「シーッ」と何度も繰り返し、結局その「シーッ」がうるさくて困ったなんてことが、よくあるでしょう。このとき、母親の真似をして「シーッ」とやっている子どもは、この自他の区別が少なくともできていて、自分がどうすれば「他者＝母親」と同じ状態になるのかも具体的に理解しているのです。

自己と他者を認識したとき、脳のなかで何が起こっているのかはまだわかっていませんが、誰かの真似をすることを通じて子どものなかで自他の区別がより明確になり、そこで培われた能力が、やがて言葉を習得する際にも、大きく関わってくるのではないかと見る脳科学者もいます。

目の前の「他者」と同じ格好になるためには「自分」は自分の体をどう動かせばいいのか──。そう考える経験を重ねることで、子どもは自分と他人は違う存在だということを学び、行動主体としての自己を確立してゆきます。その延長上に、たとえば「ア」という音は、どんな形に口を開ければ発音できるのかというように、周りの人間の真似から直接的に言葉を習得することも可能になっていくのです。

37

バイリンガルの脳を育てるタイムリミットは十二歳ごろ

言葉に関する臨界期に与えるべき刺激といえば、やはりもっとも興味があるのは外国語教育に関してでしょう。

とりわけ最近は早期からの英語教育が必要とする意見と、日本語をまずはしっかり勉強するべきだという意見があい乱れ、当事者である子どもや親はとまどうばかりです。

ただ結論からいうと、わが子を「真のバイリンガル」に育てるためのタイムリミットは遅くとも十二歳ごろ——つまり日本の現状は「まさに第二言語習得の臨界期をすぎるのを狙いすましたように英語教育がはじまっている」と脳科学的にはいわざるをえません。

脳科学の現場では昨今、ＭＲＩや光トポグラフィーといった「イメージング装置」が使われるようになりました。これは、何かを考えたり、行動したりしているときに、脳のどの部位が働き、活性化しているかが視覚的にわかる装置で、活動がさかんになると増える血中の酸化ヘモグロビンの量をキャッチすることで、脳内の活動状況を画像化するというもの。こうした最新技術の導入で、近年、脳の研究は飛躍的進歩をとげつつあります。

さて、このうちの「ｆＭＲＩ」という装置で、①トルコ語と英語を十一歳までに習得したバイリンガルの人、②英語が母語でフランス語を十二歳をすぎてから習得した人の脳内活動を測定した実験が、アメリカにあります。すると、彼らが異なる言語を話したときの脳のなかでは、

① 十一歳までに複数言語を習得したバイリンガルの場合→「ブローカー領域」と呼ばれる言語野の、まったく同じ部分を使って、トルコ語も英語も聞き、話し、読んでいる

② 十二歳以上で外国語を習得した人の場合→母語である英語を話したときと、外国語であるフランス語を話したときでは、ブローカー領域の、異なった部分が別々に動く

という、実験結果が出たのです。

もちろん中・高・大学生や社会人になってから、外国語を習得し、話せるようになる人は世の中にたくさんいます。しかしこうした人と、十一歳までに複数言語を習得したバイリンガルでは、脳内の言語機能にまつわる部位である「言語野」（二三ページ図２参照）が、まったく違う働き方、動き方をしていることを、この実験結果は示しています。

よく「英語の脳で考える」「日本語の脳で考える」といった言い方がされますが、たとえばある英文を読むとして、日本人なら日本語など「母語を話すときに使われる領域」と、「英語を話すときに使われる領域」が、言語野のなかに別々に存在するのが②の人

で、英文を読んでも日本語の文章を読んでも、言語野のなかのひとつの領域を使っているのが①のバイリンガル。つまり日本語でも英語でもフランス語でも、①のバイリンガルはそれを、いわば「ことば」としてとらえて情報処理を行う……そういう回路が脳のなかにできあがっているということです。要するに彼らは「英語の脳」でも「日本語の脳」でもなく、「ことばの脳」を使い、英文なり日本語の文章なりを読んでいることになります。

両者を分かつものは何なのか、多言語習得の臨界期は本当に十一〜十二歳なのか、正確なところはまだわかっていませんが、①のバイリンガルと②の人の脳のなかで起きていることがまったく異なるのは確かです。

中学校に入ってから英語を勉強しても、英語は読めるようにも話せるようにもなりますが、少なくとも「真のバイリンガル」になれるはずはなく、中学一年生からでは遅すぎるのです。かといって脳科学者たちも、過熱する早期の英語教育人気をイタズラにあおるつもりでそんなことをいうのではありません。あくまでも、子どもがこれからの時代にどんなふうに英語と接するべきなのか、英語とのあるべき付き合い方をよく考えたうえで英語を学ばせるのが、英語教育に対する賢明なスタンスであることに変わりはありません。

親たちの賢明な態度や、将来・未来を見据えた深慮があってこそ、子どもは英語にしろ何にしろ、賢く、深く、学ぶことができるのです。

38

英語はビデオ教材より「生身のネイティブ」に習うほうがいい

言葉に関する臨界期にある子どもの脳に経験と刺激を与えるにしても、その「与え方」で効果が違ってくる場合もあります。

これはアメリカで行われた実験で、英語を母語とする子どもをある場所に集め、一日五時間、中国語だけを聞かせたところ、

●生きている生身の人間が目の前で中国語を話す→内容が理解できるようになった子どもが数名ながらいた

●ビデオのなかの人間が中国語を話す→まるで効果なし

という、なんとも興味深い結果が得られたのです。

臨界期の脳にとって、「生身の人間と対する」ことと、そうでないことが、刺激や経験としてどう違うのかは、今のところわかっていませんし、英会話のビデオを見せたり聞かせたりすることにまったく効果がないとは、もちろん言い切れません。しかし、せっかく英語を習うのなら、同じネイティブでも「ビデオやテレビのなかの英語教師」よりは「そ

こに生きている生身の先生」に、脳の経験という点では軍配が上がるようです。

言葉に関する臨界期はだいたい五、六歳までと考えられ、また別の実験では十一歳までに複数の言語に触れた人間と、十二歳以上になってから触れた人間では、脳のなかの言語に関する情報処理マップがまるで違っていたという結果もすでに紹介しました。

そのマップを形づくるために必要な「言葉に関する経験」とは、単に誰かの言葉を耳で聞いて、その音声を聴覚的情報として処理するだけでなく、その言葉に込められたニュアンスや相手の気持ちや体調、ときには真意や作為まで受け取る「経験」をふくみます。

その点、生身の人間というのは、実に多くの情報にあふれた存在で、その人がそこにいるだけでも言葉にならない言葉を発していることは少なくありません。それら「周辺情報」や、もちろん言葉そのものの意味や意図など、さまざまな情報を瞬時に高速処理し、それぞれの強弱や優先順位を探りながら、人間は「言葉を聞く」のです。まして言語的経験の初期にある子どもにとっては、言葉そのもの以外の情報も重要な要素であり、手がかりなのです。彼らが生身の人間からより多くを学ぶのは、ある意味、当然ともいえます。

臨界期とは外界からの刺激に対する集中力がもっとも高い時期といいましたが、たとえば目の前のネイティブ・スピーカーの一挙手一投足に、臨界期の子どもは興味津々。その脳も何とかしてより多くの情報を得ようとし、データ処理にも拍車がかかります。そうした「刺激→処理」の経験を通じて、言語に関する脳内マップはつくられていき、神経細胞もシナプスも使われるものは残り、使われないものは消滅して、脳の基礎はある程度できあがったところで安定します。その基礎が固まる前に、なるべく早くから、できれば情報の多い生身のネイティブ・スピーカーに接したほうが、英語の上達には近道なのです。

生身の人間、とくに父親や母親が自分に語りかけてくれる言葉を、赤ちゃんはよく聞いています。その「経験」があってこそ言葉に関する脳内マップはつくられ、のちのちビデオ教材や映画やアニメなど「平面世界の住人」が語りかける言葉にも耳を傾け、その内容を理解できるようにもなるのです。

よく英語の習得には、ネイティブ・スピーカーが話す英語に、まずは耳を慣れさせることが大事だといわれます。いわゆる「英語耳」を養うには日常的な環境から「英語漬け」にしてしまおうと。しかし先の実験結果を見るかぎり、生身のネイティブ・スピーカーによる「英語漬け」でないと、その学習効果は十分とはいえないようです。ビデオ教材は、子どもが夢中になっているすきに、家事もはかどり、一石二鳥ではあります。しかし、効果はそこそこにしか期待できないうえに、下手をすると将来的な「度を越したメディア依存」の引き金を引くことにもなりかねません。

ビデオ教材はあくまで補助的なもの。その使い方にも賢明さと節度が必要です。

39

音楽の道も、本格的に目指すなら早いうちに

子どもに習わせたいお稽古ごととして人気なのが、ピアノやバイオリンなど音楽に関するもの。これもやはり早くはじめるに越したことはないというのが、脳科学の結論です。音楽においても言語と同様、脳内の「情報処理マップ」のつくられ方が関わっているようです。たとえばバイオリンを、①十一歳までにはじめた人と、②十二歳以降にはじめた人の脳を「脳磁図」というイメージング装置で測定すると、両者のマップはまるで違っているのです。

バイオリンには、たとえばピアノのように鍵盤などはなく、その音程はもっぱら演奏者の「音感」が担います。ドならドの音を出すためには、演奏者はその正確な位置を、通常は左手の指で押さえ、右手で弓を引く。そのドが正しいか・正しくないかは、すべて演奏者の耳と左手の指にゆだねられます。そうした訓練を、十二歳以前からはじめた①の人の脳内マップは「大脳皮質」の左手に関する部位が、②の人に比べると非常に発達していたのです。

この実験では、とくに日常生活ではほとんど使わない左手の小指に関する反応を調べています。すると、③弦楽器に触れたこともない人の小指に関する部位は大きくは発達していないのに対して、①や②のバイオリンを弾く人では大脳皮質の「体性感覚野」（二三ページ図2参照）という部位で、左手小指が感覚した情報を処理する領域が大きく広がっています。しかも五歳や十歳など、幼くしてバイオリンをはじめた①の人ほど反応領域が広く、十二歳以降にはじめた②の人とは明らかな差がありました。つまり体性感覚野の手に対応する部位は日々の練習によって発達するものの、そこにも「臨界期」という年齢制限があるのです。

また、ピアノを①三歳から六歳までにはじめた人と、②それ以降にはじめた人では、ピアノの音を聞いたときの「大脳聴覚野」の反応に違いがあることも、別の実験でわかっています。①の人の聴覚野はとくにピアノ音に対して非常に強く反応するのに対して、②の人の反応は一般の人とさほど違いがありません。これは幼いころからピアノを弾き、その音に接することで、①の人の脳にはピアノの音により反応しやすい情報処理回路がつくられるからで、ピアノなどの楽器音に敏感に反応する脳はだいたい六歳ごろまでに形づくられると考えられます。

もちろんのちのち音楽の世界で生きていくために必要な感性、広く音楽性に関しては、音感などの先天的才能だけでなく、後天的な努力や人生経験などなど、多くのファクターがからんで成されるものです。しかし、こと楽器の習得に限れば、やはり早くから親しむほうが、演奏に対応する脳の情報処理回路も、よりスムーズにつくることができるといえるでしょう。

開始時期については、三歳まで、六歳までなど諸説あり、この年齢までにはじめるのがいいとは、脳科学の見地からもまだはっきりしたことはいえません。ただ、早くから親しむことで音楽なら音楽が好きになり、練習もあまり苦にならなくなるというのは、それにふさわしい脳内マップが「つくられるべき時期につくられている」からではないかと考えることは可能です。

40

「脳にいい」幼稚園・保育園の選び方

ここでは幼稚園・保育園選びの重要性について考えてみたいと思います。つまり「子どもの脳にとっていい幼稚園・保育園とは、どんな幼稚園・保育園なのか」――。

脳のいわば基礎がつくられる「臨界期」は、多くの場合、就学以前に終わってしまいます。臨界期という視点だけをもってすれば、小学校はまだしも、中学校も高校も大学も、あまり関係がないともいえます。そこでどんな経験をし、どんな友だちや教師と出会い、何を学ぶかは、もちろんその子の人生にとって大事な財産になりますが、こと脳の基礎という意味では、幼稚園・保育園の選択のほうがずっと大事なのです。

ひとくちに幼稚園・保育園といっても、とくに私立幼稚園の場合はそれぞれの運営者が考える教育論や教育方針に基づいて、さまざまな保育形態がとられています。大きくは、

① 一斉保育形態――いわば「プレ・スクール」的な運営形態。さまざまな課題やカリキュラムを、園児たちが一斉に、「授業」に近い形でこなし、「時間割」も決まっている。

② 自由保育形態——個々の園児に応じて課題や目標は立てるものの、基本的には自由に遊ばせる。全体の時間割などはなし。

という、ふたつに分けられます。

一斉保育では、どの子にもお絵かきや工作やおゆうぎや、園によっては英語や漢字や算数まで、一斉に教えてくれます。お弁当ではなく給食にし、送り迎えのバスを出しているところもあるので親にとっては比較的負担が少なく、親たちの負担をいかに少なくするかが、幼稚園側にしてみればこの少子化時代を生き残るための経営戦略だったりもします。

「今日は幼稚園でチューリップの折り紙をならった」「リンゴは英語でアップルって言うんだよ」などと、子どもが目に見えて何かができるようになった「成果」を報告してくれるのは、親にとってうれしいものです。

また、お絵かきの時間になったらきちんと座ってお絵かきをし、お昼寝の時間にはみんなでお昼寝するといった、集団生活のルールや規則性に親しむことは、学校生活に対する適合性を身につけることにもつながります。小学校に入ったら自分の机にきちんと座り、みんなで同じ授業を抵抗なく学べる「準備」を、一斉保育ではしているといえます。

一方、②の自由保育では、基本的に遊びが主です。その子・その子の成長度合いや能力によって、一人ずつ大まかでゆるやかな達成目標を決め、保育者たちは「こんどは○○をしてみようか」という提案はしても、基本的にはその子が遊びたいように遊ばせ、その遊びのなかでの「育ち」を、一人一人について見守ります。

何かの課題や習い事をみんなで一斉にすることはほとんどありませんから、何かが具体的にできるようになったり、○○が誰々ちゃんより上手にできたといった、目に見える「成果」はあまり期待できません。あくまでもその子によって違う、目に見えにくい「育ち」は、保育者によって観察され、適宜親たちに報告され、当然ながら保育者一人あたりが担当する園児も少人数になります。また、園への送り迎えは基本的に親たちがすることで、保育者との情報交換の機会を日常的に設けていて、親と保育者の関係もマンツーマンに近い。何かを教えこむというよりは、その子どもなりの自発的な成長や育ちを、親とともに「見守る」ことを重要視しているようです。

というと、保育者は何もしていないように見えますが、たとえばある子どもに関して「年中さんの一年間で、自分が好きなことを見つけられるようにする」と目標を立てたとすると、保育者はさまざまな遊びの選択肢を与えたうえで、その子に今日は何をするかを選ばせ、なぜ今日はその遊びをしたかったかについても、できれば聞いてみるそうです。

そうするうちにも、「今日はこのおもちゃで遊びたいと思ったけど、やってみたらあまり面白くなかった」「一緒に鬼ごっこをしない？　と言われたからやってみたら、面白かった。走るのが面白かった」など、小さな変化も見逃さずに観察し、最終的には目標が達成されなくてもいい、むしろそのとおりにならないほうがいいくらいのスタンスで、「プロ」たちは子どもの成長を見守るのだといいます。

脳の「経験」という意味では、①も②も、経験や刺激に非常に恵まれた環境です。そもそも家族以外の他人である園児や保育者たちと触れ合うことは、子どもの脳にとって大変刺激的なことですから、幼稚園・保育園に通うこと自体が大事な経験なのです。

では①と②の、どちらが脳にとってよりいい幼稚園・保育園かというと、①は①でその子がおそらく自分では考えつかないような経験ができますし、②は②で、他人との比較にとらわれずにのびのびと遊ぶことで、自分という存在に関する基本的な自信を身につけることができます。より多くの脳内回路をつくるという点では、①のほうに軍配が上がりそうですが、劣等感や疎外感など、「マイナスの回路」までつくられてしまう可能性があるとすれば、その子なりのペースで達成感や自信を身につけられる②に分があるともいえます。

そのあたりは親たちの好みもありますが、基本的にはわが子の向き・不向きや、心とカラダの成長の度合い、つまりオクテか早熟かを見極めることが大事。そしてどちらの場合にしても、保育や教育の、本当のプロがいる幼稚園・保育園を選ぶことが非常に重要です。三、四歳から六歳というのは、その子の個性以前に、心身の成長に非常にバラつきがある年ごろです。それこそ学校で一律な教育を受けるには早すぎるから、彼ら・彼女らはまだ学校に行っていないわけで、バラつきはあって当然だということをよく理解した幼稚園・保育園を、①にしろ②にしろ選ぶことです。

とくに就学以前において、子ども側の受け入れ態勢を無視した詰め込み教育は、けっして脳にとってよい「刺激」や「経験」や「環境」とはいえず、いくら臨界期のやわらかい脳といっても、親の欲目からいたずらに刺激を与えすぎたり、ああしろこうしろと無理強いがすぎるのは感心できません。英単語や漢字をいくつ覚えたからといって、その子の脳が「育った」ことにはなりません。目先の成果は成果として、子どもを褒めてあげることはとても大事ですが、親としてはその成果を喜びはしても踊らされず、子どもの脳の成長を長期的な視点から見守ることが何より大事なのです。

第五章　がんばれる脳とカラダの鍛え方

41

立っていられない・座っていられないのは、体幹筋力の低下が原因

「まっすぐ立っていられない」「椅子に座っていられない」「地べたでもどこでも、すぐ座り込んでしまう」「雑巾がしぼれない」……そうした子どもの存在が、最近は幼稚園や保育園などでよく話題にのぼります。もちろんまだ子どもですから、体力も筋力も大人に比べればなくて当然です。それにしても今の子どもは、「疲れた」「かったるい」「座りたい」「面倒くさい」と、あまりにも言いすぎるのです。

しかし、そんな子どもに対して、「もっとお行儀よくしなさい」「だらしなくしてないでシャンとしなさい」といくら言ったところで、できないものはできないのです。なぜなら問題はお行儀やマナーではなく、「体幹筋力」の低下にあるからです。まずは、親や周囲の大人たちがこの事実をきちんと認識することが、いまやしつけ以前に大事な時代になりつつあります。

実際に体力測定などのデータを細かく観察すると、歴然と落ちている体力がいくつかあり、その最たるものが「背筋力」です。

背筋力は、それこそスポーツ選手においては「才能」にすら置き換えられるほど基本的かつ絶対的な体力のひとつですが、私たち一般の人間がごく普通に生活するうえでも非常に大事な体力です。「歩く」「立つ」「座る」「物を持つ」といった、基本的動作のすべてに、背筋力は関わっています。

そして、本来ならば背筋力は、日常生活に最低限必要な程度であれば、先天的な能力のいかんにかかわらず、ごく普通に生活してさえいれば自然に鍛えられていくはずなのです。しかし、「便利で快適な現代生活」は子どもから背筋力という基礎的な体力を奪い、たとえば持久力・瞬発力といった体力は、実はそれほど全体として落ちていないなかで、不自然なほどの落ち込みをみせています。

背筋力は、全国の小・中学校で「体力・運動能力調査」が開始された一九六四年度以降、とにかく年々下がる一方です。背筋力とはすなわちカラダ全体を支える筋力であり、私たち人間の直立姿勢を支える「体幹筋力」のひとつですが、その大事な「カラダ」の「幹」ともいうべき体力が、いまや「人類史上最大の危機に瀕している」と警告する学者までいるほどです。

背筋力の目安としては「背筋力指数」があります。これは「背筋力÷体重」——つまりカラダの総重量に対して、これを支える背筋力がどれくらいあるかを示す指数なのですが、その数値が高校卒業時に、男子で二・〇以上、女子で一・五以上あることが目標とされ、一・〇未満だと自分自身を支えることにすら支障をきたすとも心配されています。たとえば体重が五〇キロの人間は背筋力が最低五〇キロないと、立つことはおろか、座っていることもままならない。もちろん人並みはずれた力持ちである必要はありませんが、ごく普通の社会人として働き、生活するために、また、将来的に家庭を持ち、子どもを産み、育てていくためにも、できれば男性で一〇〇キロ、女性で七五キロはほしいという、これはあくまで一般人レベルの目標値です。

たとえば九七年の調査を見ると、女子は十一歳、十四歳、十七歳ともに、背筋力指数が一・五を割り込み、この調子ではのちのち母親になっても、赤ちゃんを自分の腕のなかに抱くことさえ難しい。一方、男子では、とくに十一歳での落ち込みが深刻です。九七年に小学生だった彼らの体幹筋力が、その後、成人男子として十分なまでに育っているのであればいいのですが……。

実は困ったことに、「体力・運動能力調査」に代わって九八年度から導入された「新体力テスト」では、背筋力が調査項目から削除され、近年では現状すらつかめなくなってしまったのです(任意で検査項目に加えることはできる)。理由のひとつは、測定時に腰を痛める子どもが多いこと。背筋力測定では負荷のかかったレバーを両手で引っぱりあげて、直立する人間の全身を支える「腰から背中にかけての筋力」や「体幹筋力」が、どれだけの重力に耐えられるかを計測します。その測定自体が不可能なほど、今の子どもが背筋力を失っているとは、なんとも皮肉なことです。

しかしデータはなくとも、「直立していられない」「座っていられない」最近の子どもを見れば、日常生活に最低限必要な背筋力さえない子どもが今なお増えているだろうことは、ほぼ間違いないと考えていいでしょう。なかには「腰の力」「背中の力」が弱いために腰痛や肩こりを訴える子、骨盤の発育不全を起こしている子どももいて、世間で問題視される「いつもダラダラしていて姿勢の悪い子」「電車のなかでもコンビニの前でもすぐに座りこむ子」にしても、おそらくはお行儀だけでなく、背筋力、体幹筋力に問題があるのです。

42

雑巾がけで背筋力を鍛える

子どもの背筋力が、人類史上最大の危機に瀕しているとはいえ、この体力は日常生活のなかでも十分に鍛えられます。たとえば、

- ここからここまではその子の係と決めて、廊下を雑巾がけさせる
- ふとんの上げ下ろしをする
- 買い物に行ったら、小さな荷物をひとつでいいから持たせる

といった、日常的な「お手伝い」でいいのです。

筋肉というのは、今日よりは明日、明日よりは明後日と、少しずつ負荷をかけることで少しずつ鍛えられていきます。ところが現代の子どもには、自分が普通に持てるものより重いものを持つ機会があまりなく、子どもが「重いよ」「持てないよ」と言う前に、「お母さんが持ってあげる」と、親のほうが先まわりしてしまうことも少なくありません。しかしこの、一見すると子どものためを思った優しい母親や父親の態度が、子どもが「重い」ということを実感する経験や、自分の限界と向き合い、乗り越える機会を奪ってもいるの

です。

急には無理でも、少しずつでいいから、その子が「重い」と感じるものを頑張って持つ経験を積ませましょう。そうするうちに子どもの筋力は、少しずつではあっても育まれていくのです。

そのとき、たとえば「雑巾をしぼれない→しぼらせない」のではなく、「しぼれない→しぼってみる」「ふとんが持ち上げられない→持ち上げてみる」と、トライさせることがとにかく大事です。そして「しぼれなかった→しぼれるようになった」「持ち上げられなかった→持ち上げられた」まで、親が長い目で見守ることによって、子どもは背筋力だけではなく「自信」や「達成感」、あるいは、できないことをできるように工夫する「知恵」までも、身につけることができるのです。

雑巾がけも、ふとんの上げ下ろしも、もちろん大人がやったほうが早いし、効率もいいのですが、そこをあえて子どもに役目を与えてあげること。そして、多少の拭き残しやグチャグチャなまま押し込まれたふとんには目をつぶり、二度手間になることさえ面倒がらなければ、家庭は子どもの体力を鍛える立派なジムになるのです。

43

赤ちゃんは「ハイハイ」で人間的筋力を鍛えている

赤ちゃんの全身の筋力をくまなく鍛えられるのが「ハイハイ」です。背筋力、腹筋、首の力、腕力、脚力など、赤ちゃんはやがて立つため・歩くために必要な筋力を、ハイハイすることで無意識のうちに鍛えています。重い頭を支えて立ち、二本の足で歩き、何かをつかんで道具として使う、いわば人間として生きるための準備をしているのです。

歩行器は、赤ちゃんが喜ぶうえに、乗せている間はお母さんも手が離れて、一石二鳥のようにも思えますが、乗せっぱなしはいけません。

また、子どもの首がすわり、よちよち歩きをはじめてしばらくたったら、「できるだけ背もたれのない椅子に座らせる」ことでも、体幹筋力は鍛えられます。もちろんある程度カラダの芯がしっかりしたことを見極めてからですが、背もたれに頼らないで座っているだけでも、「座っているために必要な筋肉」は、知らず知らずのうちに鍛えられます。

いわゆる「座っていられない子ども」は、この「座っているために必要な筋力」を、おそらくは鍛える機会を与えられてこなかったのだと思われます。つまり「体幹筋力がない

↓なくても座っていられる椅子に座らせる」のではなく、「↓体幹筋力を鍛えられるような椅子に座らせる」と、ちょっと発想を切り替えてみることが大事なのです。

「うしろにひっくり返って、ケガをしたら危ないから」と安全性ばかり気にしていると、育つべき筋力も育ちません。親に求められているのはむしろ、「子どもがひっくり返らないように、いつも見ていてあげること」なのです。

そもそも背筋のすっきり伸びた「いい姿勢」には、腹筋力と背筋力、要するにカラダを支える前とうしろの体幹筋力が必要ですが、いつも「いい姿勢」をとっていると、腹筋も背筋も、自然にバランスよく鍛えられていきます。つまり「いい姿勢」を手に入れるために、もっとも適したトレーニングは、実は「いい姿勢」をとり続けることなのです。

たとえば、家族みんなで「いい姿勢ごっこ」をするというのも一案でしょう。「いい姿勢！」と号令をかけたら、みんながピーンと「いい姿勢をとらなければならないルール」を設けるなど、ちょっとした遊びのうちに背筋を伸ばす心地よさを意識させるのです。

子どもの背筋力の低下が、直立歩行することによってさまざまな文化文明を生み出してきた人間本来の能力を私たちが失いつつあることへの警告だとしたら、それを食い止めるのも人間次第。握る・持ち上げる・立つ・歩く……そんな基本的な動作ひとつとっても、とかく便利な現代には意識して生活に取り入れるしかないのです。

44

カラダの「やわらかさ」を親子で鍛えよう

「背筋力」とならんで、もうひとつ極端に低下している体力が、「柔軟性」です。

柔軟性もまた日常的な身のこなしひとつにも関わっていて、もちろん体操選手ほどやわらかい必要はありませんが、日々の基本動作をスムーズにするためにもある程度の柔軟性は欠かせません。ところが最近の子どもは、転んだ時にとっさに手が出なかったり、ちょっとしたことで捻挫《ねんざ》をしたり骨折をしたり、どう見てもカラダがかたいのです。

本来子どもは、カラダがやわらかくて当たり前。たとえば赤ちゃんは前屈も開脚も大の得意ですが、持ち前のやわらかさも「使い方」が訓練されなければ宝の持ちぐされです。実は柔軟性も背筋力と同じで、ある程度鍛えることができ、膝や肩のやわらかさは、そのまわりの筋肉の状態や鍛えられ方が関係します。そして、かつては毎日の遊びを通じて、生活に必要な柔軟性は自然に鍛えられていたのが、最近はそうもいかないようなのです。

体力・運動能力調査の結果を見ても、柔軟性を示す「立位体前屈」の数値は、一九七〇年以降下がる一方です。しかし、その対策となるべき学校の「体力つくり」では柔軟性が鍛えられることはなく、持久力ばかり、心臓ばかりが鍛えられてきました。いざ「体力つくり」に取り組もうとなると、やれマラソンだ、縄跳びだと、目に見えて「体力」がつきそうな方法が選ばれ、柔軟体操は軽視されがちなのです。背筋力同様、学校でも日常生活でも鍛えられてこなかった柔軟性は、当然ながら低下の一途をたどっています。

しかし生まれながらに持っている能力は極端に下がるはずはありません。たとえば、

● 子どもと向かい合わせに座って手をつなぎ、開脚した状態で、シーソーのように親子で順番に引っぱりっこをする

● 子どもと背中合わせに腕を組んで、上体をだんだんに前に倒し、子どもには全身脱力状態で、数を声に出して数える練習をさせる

● 前屈・開脚・エビぞりなどを、どこまでできるか、家族で競うなど、柔軟体操にも遊びを交えて楽しみ、もともとのやわらかさをなるべく維持できるようにしたいものです。

こうした家庭でのカラダづくりは費用もかからないうえに、今日よりは明日、明日よりは明後日のほうが、何かができるようになるという実感や親子の一体感、カラダとカラダがふれあう感触など、嬉しい「おまけ」までついてきます。カラダを動かすのは本来楽しいこと。大人たちが楽しそうにカラダを動かしていると、子どもだって楽しいのです。

45

「行動体力」と「防衛体力」の両方が必要

私たちは「体力」という言葉を、ごく当たり前のように使っています。ところが、いざその正確な意味を問われると、首を傾げてしまう人がほとんどではないでしょうか。

「体」の「力」ということは、カラダに関する能力であることはまず間違いない。しかし持久力や筋力といった、いわゆる体力測定によって数値化される「体力」もあれば、病気にかかりにくかったり、ストレスフルな状況に耐えられたりする抽象的な「体力」もあって、その意味するところはあまりにも漠然としています。そこで、体育科学や体力科学の分野では「体力」がどのように定義されているかについて、ここではご紹介します。

まず、「体力」という言葉から文字どおり連想される「筋力」「持久力」「柔軟性」「敏捷《びんしょう》性《せい》」など、そのカラダが持っている力を外に向けて発揮する際に活躍する体力を、「行動体力」といいます。

これは、専用器具で測定できる握力や背筋力などに加えて、走ったり跳んだりする、多くはスポーツの場面で発揮される運動能力から〝類推〟される体力を含む体力です。

たとえば垂直跳びでは、その場でどれだけ高く跳べるかを純粋に測るので、比較的シンプルな行動体力を測定できます。一方、走り幅跳びでは踏み切り位置までの走力や踏み切る際の瞬発力・跳躍力、空中での姿勢など、複合的能力が問われるので、そこで発揮されるパフォーマンスは行動体力そのものではなく、運動能力の高い・低いをあらわすことになります。

いわば行動体力がベースで、これを使ったパフォーマンス全体に関わるのが運動能力。幅跳びの苦手な子は、筋力がないのか瞬発力がないのかは厳密には断定できないものの、その運動能力＝パフォーマンスから、行動体力が低いと類推されるわけです。

さて次に、風邪を引くと長引く、疲れやすく無理がきかない、またはその逆といった、外界からの刺激に対してカラダがその状態を一定に保とうとする際に活躍する体力を、「防衛体力」といいます。

この防衛体力は、自律神経系、ホルモン系、免疫系、それらの複合など、原因によってさらに細分化されますが、ともすればヤル気や頑張りなど、精神的要素の影響を受けやすく、「風邪が治らないのは、気合いが足りないからだ」などと、とかく精神力や気力と混同されやすい体力です。精神的な要素が大きいということは、脳の働きと密接な関係があると考えられ、アトピーや食物による各種アレルギー症状も、防衛体力の低下と関係があります。

そしてこの、カラダの外に向かって発揮される「行動体力」と、内に向かって発揮される「防衛体力」の二つが、俗にいう「体力」を構成し、どちらが欠けても「体力がある」とはいえません。つまり「行動体力」と「防衛体力」の総体について、子どもの体力低下にしても本来語られるべきなのですが、学校の体力テストなどで測定されるのはもっぱら行動体力ばかり――ここに盲点があります。

実は現代の子どもの「体力」は、一見すると落ちていない、なのに落ちているという、きわめて不透明で複雑な状況にあるのです。

46

昔より衰えている今の子どもの体力とは?

子どもの体力低下を危惧する声は、何も最近になって高まったわけではありません。

日本の教育現場では、一九六四年度から「体力・運動能力調査」が、九八年度からは「新体力テスト」が、全国の小・中学校で毎年実施され、その結果をめぐっては教育関係者やメディアを巻き込んで一喜一憂。「子どもの体力はやはり下がっている」、あるいは「上がった」「また下がった」とさまざまに物議を醸してきました。

ただ、行動体力に限ってみると、背筋力や柔軟性のような「例外」を除けば、子どもの「体力」は全体としてそんなに落ちているともいえないようなのです。六四年から九七年の「体力診断テスト」における合計点の年次推移、および「運動能力テスト」の合計点の年次推移を見ると、運動能力に関しては九〇年代に入って急激な低下傾向が見られるものの、体力テストの点数は六〇年代にいったん上昇した後はほぼ横ばいの基調を維持し、それどころか「新体力テスト」導入後は明らかな上昇に転じているのです。

にもかかわらず私たちは常に「イマドキの子どもは体力がない」と心配すればこそ、国ぐるみ、学校ぐるみで「体力つくり」に励み、そのわりには今なお思うような成果を得られずにいる。毎年体力テストもして、結果が悪ければすぐ対策をとって、なのに子どもの体力にいっこうに自信を持てずにきたのが、日本の保健体育行政の歩みともいえます。

なぜ、このようなことが起きるのでしょう——。ひとつには体力の「実像」がなかなかつかみにくいこと、そして親や教師たちが日常的に感じている「実感」と、数字にあらわれる「体力」との乖離《かいり》があります。

二〇〇六年、埼玉大学・野井真吾《のいしんご》准教授らのチームは、子どもの「総体的な体力像」に関してアンケート調査を行っています。そして大人たちが、何をもって子どもの「体力」が落ちていると実感しているのかを分析しました。

アンケートでは、いわゆる「体力」を構成する、

①「行動体力」（筋力・持久力・柔軟性・敏捷性など）

②「防衛体力」（病気に対する抵抗力・暑さ寒さへの適応力など）

さらには、

③「運動能力」（走力・跳力・投力など）

④「精神的要素」（ヤル気・意志の強さなど）

を加えた四つの要素に関して、それぞれ昔の子どもと今の子どものどちらが優れている

と思うかを質問しました。そして、どの要素が「総体的な体力像」＝その子に体力があるかどうかについての〝イメージ〟や〝実感〟によりインパクトを与えているか、その相関の度合いを数値化しました。

すると、子どもの「行動体力」によって体力のある・なしを感じている度合いは、指数にして〇・二六（一・〇〇が最高値）、「運動能力」によって感じている指数が〇・一五にとどまるのに対し、「防衛体力」によって実感する指数は〇・五四と圧倒的に高くなっています。つまり、一般に「体力」という言葉から連想されやすい要素は、運動にまつわる能力よりも、疲れやすかったり、顔色が悪かったりする「カラダの弱さ」をもって、大人たちは「イマドキの子どもは体力がない」と実感していることがわかったのです。

しかしながらその「実感」が、実際の対策にはうまく反映されてきませんでした。それこそ六〇年代から子どもの「体力」向上に鋭意取り組みながら、やってきたことといえば、「よし、体力づくりだ」「縄跳びだ」「マラソンだ」……。問題は「防衛体力」の低下にあると予見していながら、いざ体力づくりとなると、＝「行動体力」の強化・育成に、いつもすりかえられてしまってきたのです。

その結果、四十年以上にわたって体力づくりに励んできながら、子どもの「体力」はいっこうに向上した実感を得られないという何ともちぐはぐな事態が、現在も引き続いているのです。「体力」という言葉があまりにも抽象的に語られてきたために、かゆいところに手がとどく、ピンポイントの対策をとりえなかったといえるでしょう。

このことからもわかるように、まず大切なのは「体力」なるものの正体について正確に把握し、どの部分に問題が起きているのかを精査すること。そして、防衛体力が落ちているなら防衛体力を向上させるような対策を、私たち大人は考えるべきなのです。

47

子どもの平熱が低い場合は要注意

子どもの防衛体力の低下に関する親たちの「実感」は、結論からいうとかなり的を射ていたことが、最近の研究では徐々にわかってきています。

子どもの「カラダのおかしさ」を親と同じように実感しているのが、現場の養護教諭たち、つまり保健室の先生です。「保健室登校」なる言葉が一般化したのは不登校やイジメの増加とほぼ時を同じくする八〇～九〇年代にかけてですが、いまや保健室を駆け込み寺にする子どもの多くは、ヤル気や協調性に問題があるというよりは、明らかにカラダそのものに異変が起きているというのです。

そのひとつが「低体温傾向」です。

風邪を引いているわけでもないのに、何となくだるい、気持ちが悪いと、不調を訴えて保健室にやってくる子どもの手足をさわると、だいたいがヒンヤリと冷たい。実際に体温を測ってみても、お昼近くなっても三十五度台だったというケースが非常に増えていると養護教諭たちはいいます。熱があるから具合が悪いのではなく、熱が低いから具合が悪いのです。

何となく子どもの具合が悪く、風邪かな？　と思って体温を測るとやっぱり熱がある。「三十八度！　たいへん。病院に行かなくちゃ」などと、私たちは日ごろ「体温が高いこと」ばかりを問題視しがちですが、「体温が低いこと」も、負けず劣らず問題です。

たとえば朝、子どもの手足をさわって、あまりにも冷たく感じるようなら、とりあえず体温を測ってみること。手足がたまたま冷たかっただけなのか、低体温傾向にあるのか、まずは事態を正確に把握することから、本当の「体力」づくりははじまるのです。

第二章で、一日周期で変動する体温リズムにふれましたが、人間の体温はおおむね起床時から日中にかけて上昇し、午後から夕方にかけて最高体温に達します。その後は下降に転じて、明け方に最低体温を迎え、ふたたび日中にかけて上昇するという、大きなカーブを描きます。しかし、この朝の目覚めのあとの体温上昇が十分でない子どもが最近は多く見られるうえに、一日の変動を通じた平均値においても、現代の子どもはベースとなる体温そのものが低いというデータが出ているのです。

この傾向は都会にかぎったことではありません。かつては北国の子どもは寒さに強く、南の子どもは暑さに強いなどといわれましたが、最新のデータをみるかぎり地域によってほとんど差はなく、日本の子どもは総じて低体温傾向にあります。そして、この低体温化こそが「防衛体力の低下」を示すひとつの指標と考えられるのです。

東京都内の中・高校生を対象に計測した起床時の腋の下の体温の分布図を見ると、三十五度台の「低体温傾向群」が約二〇パーセントいて、これは全国平均とほぼ同じ割合でした。さらに一日の体温変動を観察し、起床時の腋の下の体温が三十六度台の「標準体温傾向群」と比較したところ、以下のようなことがわかったのです。

①「低体温傾向群」の体温は、起床時・日中・就床時を通じて、「標準体温傾向群」より低水準に推移する

②「標準体温傾向群」では、午前中なだらかに上昇した体温が正午すぎには高いレベルに達し、夜にかけてもなだらかに下降するのに対し、「低体温傾向群」ではピークに達する時間帯がようやく午後六時すぎと遅くにずれこみ、就床時もまだ高い水準にある

③「標準体温傾向群」は、体温がきちんと上昇に転じたあとに目覚め、「低体温傾向群」は、まだ最低体温にある時間帯に起きている

つまり、最高体温からしばらくすると眠くなり、明け方、最低体温に達した二〜三時間後に自然に目が覚める本来の「睡眠・覚醒リズム」からいうと、低体温傾向群の生徒は、まだ全然眠くない時間に無理やり寝て、朝は朝でまだ眠いのに無理やり起きるという「朝も夜もつらい毎日」を送っているのです。「就寝時」ではなく「就床時」としているの

は、床には就いても眠りに就くにはおそらく時間がかかっていることが予想できるからで、就床時と起床時の体温に大きな差があることでも、カラダには相当の負担がかかります。

こうした低体温傾向は登校意欲や学習意欲を減退させるばかりでなく、カラダそのものの活動レベルを低下させてしまう可能性があるのです。私たち生きている人間の体内では脳から足の先まで、カラダのあちこちで、いわば化学反応が起きていて、何かを考えるにしても、手や足の筋肉を動かすにしても、体温が十分に上がっていて初めてすべての活動はスムーズに行われます。その前提となる体温があまりに低いと、細胞の活動自体が活性化せず、体温が上がりきっていないまま午前中の授業を受けている低体温傾向群の子どもの、脳にしろ、カラダにしろ、活発に働くわけがありません。

もちろん体温には個人差があり、何度以上ならよく、何度以下はダメとは一概にいえませんが、脳やカラダの十分な活動を最低限保証してくれるだけの体温と、その無理のない変動が、イキイキした毎日をもたらしてくれるのです。

48

ヤル気がない子を生む自律神経の異変

低体温傾向とならんで、もうひとつ注目されるのが、「血圧調節機能の異変」です。

人間のカラダというのは実によくできているもので、たとえば体温が必要以上に上がった場合は体内の熱を放射して下げるといった、自然の調節機能が生まれながらに備わっています。血圧に関しても何かしらの要因で上下した血圧を正常値に戻そうとする働きがあり、ただし「生まれながらに」といっても、その調節機能は赤ちゃんより園児、園児よりは小学生……と、大きくなるにつれてより適正に働くように発達するとされてきました。だから体温調節がまだうまくできない赤ちゃんはとくに原因もないのにちょくちょく熱を出し、私たち大人は風邪でも引かないかぎり熱にうなされたりはしないのです。

この調節機能がきちんと発達しているかどうかは、「体位血圧反射法」という血圧測定方法で調べることができます。これには座面と背面をつなぐ蝶番《ちょうつがい》の部分にスプリングを用いた、ちょっと特殊な椅子を使います。

まずは被験者を椅子に座らせ、その背面をだんだんに寝かせていきます。そして仰向け

図6：子どもの「からだのおかしさ」と問題が予想されるからだの器官・機能

事象	予想される実態	問題が予想されるからだの器官・機能									
		大脳新皮質				脳幹			脊髄	骨格・筋系	
		覚醒	感覚・記憶・認識	感情・意思（前頭葉）	運動プログラム・命令	自律神経系	ホルモン系	免疫系	反射神経	体幹筋力	柔軟性
保育・授業中、じっとしていない	集中力の欠如	○		○							
なんとなく保健室にくる	不安傾向			○							
すぐ「疲れた」という	意欲・関心の低下、疲労・体調不良			○		○					
転んで手が出ない	防御反射の鈍化・消去				○				○		
背中ぐにゃ	姿勢不良			○		○				○	
つまずいてよく転ぶ	防御反射の鈍化・低下		○		○				○		
平熱36度未満・手足が冷たい	体温調節機能の発達不全					○	○	○			
腹痛、頭痛を訴える	疲労・体調不良					○	○				
症状を説明できない	からだに関する言語的知性の不足		○								
首、肩のこり	疲労・体調不良					○					
体が硬い	柔軟性の低下										○
アレルギー・皮膚がカサカサ・ぜんそく	アレルギー							○			
腰痛	姿勢不良、疲労・体調不良						○			○	
不登校・床にすぐ寝転がる	意欲・関心の低下、疲労・体調不良			○		○					

（出典）子どものからだと心・連絡会議編「子どものからだと心白書2006」（2006）より作成

に寝た状態になった地点でいったん椅子を止めて、頭の位置が低くなったことによる血圧の変化を測り、数値が落ち着いてきたところで今度は一気に椅子の背面を元に戻します。すると急に起こされた被験者の血圧は一気に下がり、軽い脳貧血に近い状態になります。不意をつかれたために、すぐには頭の先まで血液が行き渡らないのです。そして、これを何とか元の状態に戻そうとするときの血圧の変化によって、その子の血圧調節機能が健全に働いているかどうかを年齢ごとに調べると、五十年前の子どもと今の子どもでは、明らかな違いがあることがわかったのです。

この調査では、脳貧血の状態から血圧を元の状態に戻そうとするときに、

① 正常値に戻すことができた＝「血圧調節良好群」

② 正常値まで戻しきれなかった・または戻しすぎて当初より血圧が高くなってしまった＝「血圧調節不良群」

として、年齢ごとの「不良群出現率」を割り出しています。

すると一九五六年の調査では、六歳児には五〇パーセントいた不良群が年齢が高くなるにつれて少しずつ減り、十四歳で多少増えるものの、全体としては右肩下がりになっています。しかし八四年の調査では六歳で五五パーセント、十歳で七〇パーセント、十三歳で七五パーセントと、不良群の出現率は加齢とともにむしろ上昇傾向をたどり、十七歳でよ

うやく六〇パーセントまで下がるものの、いまだ高水準にある。そして九五年、九六年、二〇〇〇年の調査になると、年齢にかかわらず八割、九割近くもの子どもが不良群にいるという、驚くような高い数字が出たのです。

仮に八割の子どもが不良群にあっても、せめてその出現率が年齢とともに右肩下がりになってさえいれば、子どもの血圧調節機能は遅ればせながらも発達していると見ることもできます。しかし、八四年調査の時点ですでに発達の傾向すら見られなくなったばかりか、その後の調査では不良群出現率はさらに高値安定の傾向にある——。つまり「血圧調節機能は大きくなるにつれて発達する」とされてきた従来の「常識」は、根底から覆されてしまったわけです。

これらの調査結果は、子どもの体温や血圧の調節をつかさどる「自律神経」に、明らかな異変が起きていることを示しています。本来は加齢とともに発達するはずの自律神経が順調に発達せず、低体温傾向や「起立性調節障害」（OD症）など、さまざまな形で子どものカラダに不調・変調をきたしているのです。OD症というのは、とくに思春期に多い起立時の血管反射失調で、小学生で五〜一〇パーセント、中学生で一〇〜二〇パーセントが発症しています。いわば夜から昼——「副交感神経」が優位な状態から「交感神経」が優位な状態への切り替えがスムーズにできないために、ヘタをすると午前中いっぱい「副交感神経」優位の状態が続き、症状としては立ちくらみ、めまい、脳貧血、吐き気、腹痛などが起こる「自律神経失調症」のひとつです。一見ヤル気がないだけに映る不登校児が、実はOD症だったというケースもあるようです。

免疫力の低下や疲れやすさ、暑さ寒さに対する適応力のなさなど、親たち・教師たちが「実感」している子どもの「体力」の低下、なかでも「防衛体力」の低下は、まさにこの自律神経機能の発達の遅れや変調、歪みに起因していると考えられます。いつもだるそうで、何をさせてもすぐ「疲れた」と言う子どもに、もはや頑張れと言っても暖簾《のれん》に腕押し。血圧調節機能ひとつとっても八割もの子どもが不良群にあるそのカラダの異変は、本人の気力や頑張りや努力ではカバーできないところまできているのです。

49

「ちょっぴり不便な生活」で自律神経を鍛える

体温や血圧はもとより、体内のありとあらゆる臓器の活動をコントロールしている「自律神経」は、人間が生きていくうえで欠かせない、大切なバランスメーカーです。

私たち人間のカラダのなかでは、本人の意思とは関係なく心臓も胃も腸も動き、血液は全身をめぐり、昼は昼にやるべきこと、夜は夜でやるべきことがきちんと行われています。その調節の司令塔ともいうべき自律神経には、おもに日中、活動しているときに働く「交感神経」と、おもに夜、寝ているあいだに働く「副交感神経」があり、この二つが交互にバランスよく働くことで、私たちは「体温よ、下がれ」「心臓よ、動け」「ホルモンよ、出でよ」なんて命令をいちいち下さずとも、快適な生活を送ることができるのです。

日中、活発に活動しているときに、血流を増やすなどしてカラダをその活動に対応できる状態にするのが交感神経。また、寒いと感じたときに毛穴や血管を収縮させて熱を逃がさないようする＝体温を上げるのも、交感神経の働きによるものです。これとは反対に、暑いと感じたときは血管や毛穴を広げて汗を出し、体内の熱を外に逃がしてくれる＝体温を下げるのが副交感神経で、夜、眠っているときの体内活動リズムをゆっくりと、リラックスさせたりもします。いわば「興奮の交感神経」に対して、「鎮静・抑制の副交感神経」とイメージするとわかりやすいでしょう。

この「興奮」と「抑制」のバランスが本来は成長とともにとれていくはずなのに、近年ではそれこそ高校生になっても八割もの子どもに、何らかの問題があるようなのです。

原因としては、

①夏は冷房、冬は暖房が、必要以上にきいた部屋で過ごし、寒暖のメリハリがきいた環境にいることがない→体温調節機能を鍛える機会がない

②外で遊ぶことが少なくなり、あまり陽に当たらない→交感神経を活性化する紫外線を適度に浴びる機会がない

③夜更かし・寝不足・夜型生活の蔓延→交感神経ばかりが働くことで過緊張状態におちいり、昼から夜、夜から昼への切り替えがスムーズにいかない

④車社会、エレベーター・エスカレーターがどこにでもある社会にあって、歩く量・日常の運動量が圧倒的に減っている→自律神経は筋肉運動によっても活性化するが、その刺激が減っている

……要するに現代の「便利で快適すぎる生活」が、子どもの自律神経の健やかな発達・

育成を阻み、交感神経と副交感神経のバランスをおかしくしていると考えられるのです。

ということは「不便で快適でない生活」を送れば、自律神経は本来のように育つことになりますが、子どももまた現代社会に生きる一員である以上、そう単純にもいきません。

そこで、せめてもの対策として、

①子どものいる部屋では、冷房・暖房は最低限の使用にとどめる
②真冬の寒さや真夏の暑さを、じかに感じる機会を意識的に持つ
③日常的に薄着を心がける
④乾布摩擦や入浴後の冷水シャワーなど、皮膚への刺激を与える
⑤車にはなるべく乗らず歩く・エスカレーターではなく階段を上る
⑥規則正しい生活を送り、夜はとにかく早く寝る

……と、つまるところは「早寝・早起き」を習慣化し、昔ながら、とはいかないまでも、できるかぎり「自然」に近い環境に子どもを置くことにつきます。

要するに子どもの自律神経はもはや「自然」には育まれないのです。まずは親や周囲の大人たちが「自律神経は鍛えなければ育たない」という現実を受けとめること、何もかもが便利で快適な現代にあって、少しだけでいいから不便で快適でない生活を、意識的に与えることです。

とはいえガマンを一方的に強いるのではなく、「不便な生活も、けっこう楽しいなあ」と、子どもが思えるように、たとえば、

●万歩計や歩数計をプレゼントして、「今日は何歩歩いたよ」と毎日報告させる

●「よし二階まで競走だ！」と、親子で階段の上り下りを競う

などなど、遊び的・ゲーム的な感覚をうまく取り入れたいものです。

「あつーい！」「さむーい！」と、親と一緒になってはしゃぐのだって、子どもにとっては楽しい「経験」。暑さ・寒さを楽しみ、歩くことを楽しみ、便利で快適なばかりがいいわけじゃないというところを、大人も一緒に楽しんでしまいましょう。

そんなふうに親子でわいわい言いながら、自律神経を鍛えることで、子どもの「体力」を構成する一方の要素「防衛体力」は、徐々にではあっても向上していくのです。

第六章　脳がよろこぶ遊びの技術

50

「みんなで遊ぶ」がアタマをよくする

「注意欠陥・多動性障害（ＡＤＨＤ）」など、現代の子どもにさまざまな脳の発達障害が増えているのも、大きくは子どもが現在さらされている環境の変化によるものだといわれます。

その因果関係の解明に、脳科学者たちは日々取り組んでいますが、どの要因がどんな障害にどのように直結するか、具体的には断定できていないのが現状です。しかし、日常的に自然に触れる機会が減り、生身の人間よりもゲームやテレビなどに触れる機会が圧倒的に増え、夜更かしに朝寝坊、そして朝ごはんは抜きといった数多くの要因が複合的にからんで子どもに何らかの影響をもたらしているというのが、多くの脳科学者の見解です。

つまり「昔あって今はないもの」「昔の子どもはやったのに、今の子どもはやらないこと」、あるいはその逆のケースのなかに、現代の子どもの異変の原因と解決策を探ることができるともいえるのです。

たとえば今の子どもが「外で、集団で遊ぶことが少なくなった」のは、誰が見ても厳然たる事実です。ゲームで誰かと遊ぶとしても、一緒に遊べる人数は多くて三、四人ですし、基本的には家のなかで遊ぶことになるので、メンバーはいつも遊んでいるごく親しい友達や兄弟に限られます。また、一緒に遊ぶとはいっても、誰かの家に集まって、この子はこのゲーム、あの子はあのゲームで、ほとんどしゃべらずに各自遊ぶのが、現代には「一緒に遊ぶこと」だったりする。外で、遊びたいという理由だけで集まった、不特定多数の子どもと遊ぶ機会はすっかり少なくなり、まして、幼稚園に入ったか入らないかくらいの小さな子どもから小学校高学年のお兄さん・お姉さんまでが、体力や能力の違いをうまく調整しながら遊んでいる風景に出くわすことなど、めっきりなくなりました。

考えてみれば昔は、小さな子にはハンデを与え、大きな子は小さな子の面倒を見て、それでもみんなで一緒に鬼ごっこをしたり、缶蹴りをしたりするのが「遊ぶ」ということでした。自分と相手は何がどう違って、その体力や能力の違いをどれくらい、どんな方法でカバーしてあげれば一緒に楽しく遊べるかを考え、オモチャもボールも施設も何にもなくても、何とかその広場で全員が遊べる方法をひねり出す……そう、みんなで遊ぶためには「智恵」が必要だったのです。

かたや、ハンデを与えられた子どもは子どもで「早く大きくなって、みんなと同じ条件で遊べるようになりたいなあ」とちょっぴり悔しい思いをしたり、背伸びをしてみたり、お兄さん・お姉さんたちの「遊ぶ技術」を、何とか盗もうと躍起《やっき》になったものでした。
そうした経験が、子どもを体力的にだけでなく、精神的にも成長させることは道理で、脳の発達を考えても多くの刺激を与える経験になるのは当然なのです。

脳の発達というと、とかく知識の獲得＝勉強や、特殊技能の習得＝お稽古《けいこ》ごとばかりに親の目は向かいがちですが、「遊んでも、頭はよくなる」のです。とりわけ集団での遊びは、子どもが社会性や「対・他人との関係」を学ぶ原体験となります。自分とは明らかにいろんなことが違う、いろんな他人と、どう付き合い、折り合いをつければ、楽しく遊べるのか——みんなと遊ぶ経験を通じて、子どもの脳もまた学ぶのです。

できれば自然のなかで、虫や植物に触れ、ときに残酷な自然界の摂理にも親しみながら遊び道具なんか何もなくたって、より多くの友だちとみんなで楽しく遊ぶこと——。もちろん理想をいえばきりがありませんし、昔のままの環境を現代にすべて取り戻すのは現実的には厳しい。だからこそせめて、誰かから「与えられた遊び」ではなく、できるだけ「遊びは自分でつくる」環境を子どもに与えるよう、親としては心がけたいものです。

遊び道具を与えるのではなく、「環境」を与える。大人がすべきはそこまでであって、昔風の遊び方をアドバイスしてくれる人生の先輩ならいてもいいけれど、遊ぶ場所や遊び方をなんでもかんでも管理してしまう「支配者」として君臨すべきではありません。

51

遊びの参考書は「昔あったもの・昔やったこと」

「お手玉」や「けん玉」「コマまわし」など、昔ながらの遊びは、今の子どもにはかえって新鮮に映るようです。これらの遊びは、さすがに幼稚園も年長さんくらいにならないと難しいかもしれませんが、お兄さん・お姉さんが楽しそうにしている遊びに、とりあえず興味を持って、お手玉ならお手玉をつかみ、投げてみるだけでも、小さな子どもにとっては大切な「経験」であり、脳にとってても大きな「刺激」になります。自分が「できないこと」にいつかは挑戦したい、挑戦して「できる」ようになりたいと思う経験は、子どもの脳が育つうえで欠かせないものです。

そうした意味で、最近、保育園や幼稚園で大人気なのが、「砂だんごづくり」です。いわゆる「砂遊び」の一環ですが、まずは砂場のちょっと深いところを掘ると出てくる、黒くてかための土を、まん丸いおだんごにして、なるべく平らな場所を見つけて何度も何度もコロコロ転がします。そうして究極の真球に近づけたあとは、できるだけ粒子の細かな砂を、まぶしてははらい、まぶしてははらい、さらには手ぬぐいなど、繊維の細かい布でピカピカに磨き上げて、その美しさを競います。

これが子どもの手でつくったとは思えないくらい、美しいおだんごになるのです。その工程には、繊細さや手先の器用さはもちろん、根気や集中力、美的センスが要求され、難度が高いからこそ、子どもは目をキラキラ輝かせながら、ひたむきに取り組んでいるのでしょう。そもそも「砂遊び」は、手のひらでじかに砂をつかんだときの感触や、裸足であればザラザラした砂や水の冷たさを足の裏で感じられることなど、「触覚」を刺激する機会に事欠かず、子どもの「身体感覚」を育むうえでは非常に優れた昔ながらの遊びです。山や川、お城に見立てた建物などを、もともと平らだった砂場につくっていくなかでは、造形力や空間認知能力、想像力も育まれ、まして美しい究極の砂だんごまでつくってしまえるんですから、子どももそこではちょっとしたアーティスト。

最近では「服が汚れる」「爪の先や傷口などからバイキンが入って不潔だ」などの理由から、砂遊びは親たちには嫌われてもいるようですが、グチャグチャ、ザラザラ、ビチャビチャ、グニャグニャなど、ふだんあまり触れたことのない感覚をカラダでキャッチし、生まれて初めて感覚する刺激もひとつひとつ処理し、認知していくことが、子どもの脳は大好きなのです。

52

発達期の脳は「興奮」と「抑制」のバランスが大事

さて、キレやすく、ちょっとしたことで衝動を抑えきれない子どもが増えているといわれます。抑えられないということはつまり「抑制」に問題があり、だから子どもには早くからガマンや忍耐を教え、自分の気持ちにブレーキをかけられるよう、しつけや管理を強化しようという話になりがちですが、結論からいうと、むしろ逆なのです。

今、子どもがもっとも必要としているのは、カラダいっぱいに思う存分遊ぶこと――。そこには脳における「興奮」と「抑制」のメカニズムが関わっています。

人間の心のなかでは、いわゆる理性と欲望とが常にせめぎあい、両者が綱引きをした結果、何らかの行動が選択されているだろうことは、私たちも生きながらにして実感するところです。これを脳科学的にいうならば、「大脳辺縁系《だいのうへんえんけい》」の扁桃体《へんとうたい》や側坐《そくざ》核《かく》などで認知した欲望や感情に関して、「大脳皮《だいのうひ》質《しつ》」の前頭連合野《ぜんとうれんごうや》で吟味・検証が行われ、最終的な行動判断がくだされる……と、大まかにはそんなところでしょうか。

大脳は、「大脳基《だいのうき》底核《ていかく》」「大脳辺縁系」「大脳皮質」から構成されています。そのうち、

「本能をつかさどる脳」ともいわれるのが大脳辺縁系で、「扁桃体」は好き・嫌い・怖いといった原初的感情に、「側坐核」は意欲やヤル気に関わっています。

また、「思考をつかさどる脳」といわれるのが、大脳皮質。なかでも「前頭連合野」(二三ページ図2参照)というおでこの裏あたりに当たる部分では、非常に複雑かつハイレベルな情報処理がおこなわれています。人間が他の動物と違って、本能や欲求のおもむくままには行動しないのは、この前頭連合野が発達しているおかげであることから、前頭連合野は「人間らしさをつかさどる脳」などともいわれます。

そして私たち人間の脳は、ごく基本的な運動・動作に関わる「大脳基底核」→「大脳辺縁系」→「大脳皮質」の順に発達をとげます。大脳基底核はカラダじゅうのありとあらゆる「動き」に関わる、いわば「生命活動そのものを担う脳」で、母親の胎内で脳がつくられはじめるときもまずここから発達する、文字どおりの基底です。そのあと本能の脳＝大脳辺縁系が、さらに思考の脳＝大脳皮質が発達し、ヒトから人へと、脳も成長をとげるのです。よって大脳辺縁系を「古い脳」、大脳皮質を「新しい脳」ともいいます。

発達初期の脳、臨界期の脳というのは、そうした脳の機能が完成に向かう過渡期にあり、たとえば「興奮性細胞」と「抑制性細胞」という、情報伝達の「アクセル役」と「ブレーキ役」をつとめる神経細胞の働き方にしても、まだバランスが完全にとれてはいません。興奮と抑制のバランスに関しても、いわば臨界期にある＝可塑性《かそせい》が高く、したがって環境や経験の影響を受けやすい状態にあるのです。

人間の大脳の神経細胞には、この「興奮性細胞」が約八割、「抑制性細胞」が約二割あるといわれています。まず「興奮性細胞」は、各神経細胞同士が電気信号をやりとりする際に、信号を受けとる「受容体」側の神経細胞に働きかけて興奮を促し、脳内の情報伝達を活発にする「アクセル役」「火付け役」として働きます。

対して「抑制性細胞」は、脳に入ってきた刺激が強すぎると判断した場合などに、情報伝達そのもののスピードを減速させる「ブレーキ役」「火消し役」。この「アクセル」と「ブレーキ」の両方がうまく働くことで、情報伝達基地・シナプスにおける伝達効率を高めたり弱めたりして、「調整役」をつとめるのです。

たとえば一九九七年に問題化した「ポケモン事件」では、テレビのアニメ番組で光がチカチカと点滅するシーンを見ていた子どもが、痙攣《けいれん》、めまい、吐き気などを訴え、なかには救急車で運ばれる子どもまでいました。これは興奮性細胞と抑制性細胞の働き方のバランスがまだとれていない臨界期の脳に、チカチカと点滅する強い光の刺激が与えられたことによって起きた「光てんかん」だと考えられています。

おそらく番組を見た子どもの脳の、とくに視覚に関する部位において、外界からの刺激に対する情報処理スピードをアップ・ダウンさせる「興奮」と「抑制」の調節機能が十分に発達していなかったために、大人の脳ならば十分対応できる光の点滅が、子どもの脳に過度の興奮状態をもたらしてしまったのでしょう。

興奮性細胞と抑制性細胞では、基本的に「興奮」が先に発達して「抑制」があとに発達します。「抑制」はいわばその興奮に見合うように発達していくので、細胞の形態にしても多様性があり、人間の脳では約二十種類の抑制性細胞が確認されています。

つまりゴーならゴーと一辺倒なアクセルに対して、その調整を担うブレーキには、いきなり止めたり、ジワジワ止めたり、時と場合に対応できるよう、いろんなバリエーションがある。たとえば信号に「行け系」は青しかないのに、「止まれ系」には注意をうながす黄色もあるようなものです。

そして面白いことに、脳のなかではこの二割の抑制性細胞がきちんと働いて初めて八割の興奮性細胞も十分に機能することができ、「興奮するから抑制できる」「抑制するから興奮できる」というメカニズムが、脳細胞レベルでもわかっているのです。

実は、脳のやわらかい時期である「臨界期」のカギを握るのも、この抑制性細胞であることが、ヘンシュ貴雄《たかお》氏をリーダーとする理化学研究所の神経回路発達研究チームによる研究で明らかになってきました。つまり脳内の抑制レベルがある水準に達していないと、臨界期ははじまらない＝脳の可塑性は生じないことが、マウスの実験でわかったのです。これは、興奮性細胞の働きをある程度抑制できてこそ、脳は外界からの刺激や情報を取捨選択できるからだと考えられ、ほぼ一生を通じて使われる神経回路がこの時期の子どもの脳のなかで形づくられるためにも、抑制性細胞の働きは欠かせないのです。

つまり、脳が発達するためには抑制が必要で、抑制が発達するためには興奮が必要という、なにやら複雑な話ではありますが、とにかく「興奮」と「抑制」の両方がバランスよく育つことが、子どもの脳と心の健やかな発達のためには重要だということを、ここではおぼえておいてください。

53

子どもの心の実態を探るGO／NO－GO実験

さて、今の子どもの脳における興奮と抑制のバランスはどうなっているのでしょうか？心とは行き着くところ高次脳機能の活動成果であり、子どもの心に問題があるということは、その脳の活動や発達に何らかの問題があることになる。いったいそこに何が起きているのか、子どもの心の実態を科学的・客観的に探ろうとした、こんな調査があります。

埼玉大学・野井《のい》真吾《しんご》准教授らは子どもの大脳活動の特徴を「GO／NO－GO実験」と呼ばれる方法を用いて調査し、心のタイプを大きく五つのタイプに分類しています。

この「GO／NO－GO実験」では、まず、「実験A」として、

①赤色のランプが点灯したらボールを握る

という条件下で赤色のランプを合図にボールを握る動作を繰り返します。次に、

②黄色のランプが点灯したら握らない

と、もうひとつ条件を加えたうえで、赤色と黄色のランプをランダムに点灯させる実験をひとしきり繰り返します。さらに「実験B」では、

①　黄色のランプが点灯したらボールを握る
②　赤色のランプが点灯したら握らない

と、今度は条件を逆にして、同じように実験を続けます。

この実験では、ランプが点灯する＝ボールを握るという「条件反射」を通じて、脳における「興奮」と「抑制」、いわばアクセルとブレーキの働き方を観察しています。たとえば握らない＝NOのサインが出てもつい握ってしまうのはブレーキが弱く、握る＝GOのサインが出たのに握りそびれてしまうのはアクセルが弱いと考えられるのです。

そして、被験者が「実験A」と「実験B」でそれぞれ正しい条件のもとでボールを握れたかどうかを細かく分析し、その大脳活動の特徴を、次の五つのタイプに分類しました。

●タイプ1：アクセルもブレーキもうまくきかない「不活発型・そわそわ型」

実験Aで黄色いランプ＝NOがついたときにボールを握ってしまい、逆に赤いランプ＝GOが点灯してもつい握りそびれてしまうこのタイプは、要するにアクセルもブレーキもうまくききません。日常の行動を観察すると、いつもそわそわ、キョロキョロしていて、落ち着きがなく、集中力に欠けることから、「そわそわ型」ともいわれます。

●タイプ2：アクセルがききすぎる「興奮型」

このタイプの子どもは、実験Aで赤いランプがつこうと黄色いランプがつこうと、何でもかんでもボールを握ってしまいます。つまり常にブレーキよりアクセルが、「興奮」が「抑制」より強く働いてしまうことから、興奮型と分類します。

●タイプ3：ブレーキがききすぎる「抑制型」

これは、「興奮型」の反対で、実験Aで赤いランプでも黄色いランプでもボールを握れない子どもです。おそらく握ってはいけないランプがあると思うことで、常にブレーキがかかってしまうのでしょう。脳のなかで「抑制」が強く働きすぎているといえます。

●タイプ4：バランスはとれているものの、変化にとまどう「おっとり型」

このタイプは、実験Aはクリアできたものの、実験Bで条件が逆になったとたん、失敗が増えてしまいます。変化に対応する「適応力」に少々欠けていると考えられます。

●タイプ5：バランスにも適応力にも優れている「活発型」

……これは言うまでもなく、実験AもBも問題なくクリアできた子どもです。

それぞれのタイプについての詳しい分析や出現率に関しては次項にまわしますが、人間のありとあらゆる行動には、この「興奮」と「抑制」のバランスが大きく関わっています。そして、単にボールを握る・握らないだけに映るこの行動実験からは、実は現代の子どもに起きている脳の変化、つまりは心をめぐる、変化の一端が見えてくるのです。

54

「そわそわ型」「抑制型」の脳を持つ子どもが危ない

「GO／NO－GO実験」において、理想的とされるのはもちろん、タイプ5の「活発型」です。とはいえ、タイプ4の「おっとり型」も、変化を受け入れ、対応するのに多少時間はかかるものの、脳における興奮と抑制のバランスそのものに問題はありません。また、タイプ2の「興奮型」も、成長とともに落ち着きを身につけるのか、年齢が上がるにつれて出現率が減っていく傾向にあり、それほど心配する必要はなさそうです。

問題なのは、タイプ1の「不活発型・そわそわ型」と、タイプ3の「抑制型」です。

まず「不活発型・そわそわ型」は、なにか条件を与えられてもそれをきちんと理解して反応することができないわけですから、まだ小さな子どもにはこのタイプが多くて当然。「そわそわ型」の名のとおり、じっとしていられないのは幼さゆえともいえます。幼稚園や保育園では子どもを何十分も座らせておくようなプログラムは組まないように、その割合が加齢とともに減っていけば、とくに問題はないのです。

実際、一九六九年に行われた調査では「不活発型・そわそわ型」の子どもは大きくなるにつれて減っています。小学校に上がる時点で男子は二〇〜三〇パーセント、女子で一〇〜二〇パーセント、その後も出現率は右肩下がりでした。

ところが九八年の調査では小学校に上がる六歳になっても、約五〇パーセントもの児童が「不活発型・そわそわ型」を示したのです。かつてなら園児程度の「幼稚な」子どもが、学校に入り、四十分もじっと座っていなければならないのですから、授業にならないのも無理はありません。最近の小学校では「小一プロブレム」——、つまり、集団生活に適応できず、トイレや着替えなど、自分の身のまわりのことさえ一人でできない「幼すぎる」一年生が増えていることが問題になっていて、学校側はトイレや給食時の付き添いボランティアを募るなどして対応に追われているといいます。学級崩壊と呼ばれるような事態が起きるのも、半数もの「そわそわ型」がいる以上、そう不思議でないといえます。

とくに男子の発達の遅れは深刻です。

九八年の調査を見ると、女子は小学校入学当時こそ六〇パーセント近い「不活発型・そわそわ型」がいたものの、二年生になると一〇パーセントまで一気に減り、その後も六九年のデータとほぼ同じような推移をたどっています。

ところが男子はというと、二年生になっても、三年生になってもなかなか「不活発型・そわそわ型」が減っていかず、その出現率は六九年の調査と比べても全体に数字が高い。

六九年の調査では不活発型は高学年になるとクラスに数人いるかどうかの「少数派」ですが、九八年の調査では十一歳＝五年生になっても約三割と、もはや少数派でも例外でもない状況にあるのです。

さらに気になるのが「抑制型」です。

六九年の調査では、男子でも、女子でも、何歳でも、「抑制型」の出現率は〇《ゼロ》パーセント——。実をいうと「抑制型」というのは、当初はあくまで「興奮型」に対して理論上設けられた、「机上の分類」でしかなかったのです。それが九八年の調査では、ごくわずかではあるものの現実にも観察されるようになったことに、調査を行った野井氏ら自身が驚いたといいます。

必要以上に自身の欲求や行動を抑制してしまう「抑制型」は、世間的に見れば「マジメでいい子」であり「大人しくて聞き分けのいい子」。一見すると何の問題もなさそうなのですが、その心のうちに抱え込むストレスは心配です。

いわゆる「キレる子ども」——ふだんはマジメで、むしろ大人しすぎるくらい「いい子」なのに、ある日突然問題や事件を起こしたりする子どもこそ、この「抑制型」なのではないかと指摘する研究者もいます。マジメで大人しすぎるからこそ、自分のなかにためこんだ衝動やストレスを、うまく発散する機会を持てないわけです。

このように現代の子どもの心をめぐる「異変」は、脳における「興奮」と「抑制」、アクセルとブレーキのバランスの悪さや遅れという形で、具体的にもあらわれています。

現代の子どもは、脳の発達初期に与えられるべき刺激や経験を十分に得られていない、したがって、その脳の成長に深刻な影《かげ》を落としていると考えられるのです。

55

興奮性細胞を育てる「じゃれつき遊び」

脳の発達過程における「興奮」と「抑制」は、まず興奮ありき。情報伝達の調整役を担うアクセルとブレーキをバランスよく働かせるためにも、子どもの脳には興奮が欠かせません。そのために効果的だと思われる方法のひとつが、「じゃれつき遊び」です。

まず、この遊びにはルールはありません。大切なのは、子どもが持てるかぎりの力を、思う存分発揮することだけ。カラダじゅうのありったけの筋肉をフル稼働させて、ダイナミックに動く経験が脳を刺激し、「興奮」を引き起こすのです。

この遊びは、北関東・宇都宮の、ある幼稚園ではじまりました。

この幼稚園では朝八時半ごろに登園するやいなや、園児たちは大きなマットの上でじゃれあったり、そのマットをみんなで引きずり回したり、そのへんにあった毛布を引っぱりあって綱引きしたりと、少々乱暴なくらいに力いっぱい遊びます。そこにはルールも決まりごとも一切なし。教室の棚から飛び降りてマットにダイブする子がいると思えば、毛布を思いっきり引っぱりすぎて、お尻からドスン、なんてことは日常茶飯事です。あまりのヤンチャぶりに、初めて見た人は「あっ、アブナイ!」と思わず叫んでしまうほど。

しかし先生たちは「危ないからやめなさい」とも「飛び降りちゃいけません」とも言いません。むしろ一緒になって大さわぎです。そして三十分から、ヘタをすると一時間近く続く「じゃれつき遊び」が終わるころには、先生も子どもも、送り届けるついでに仲間に加わった親たちも汗びっしょり。そんな光景が毎日毎朝、この幼稚園では繰り広げられています。

実はこの「じゃれつき遊び」、もとはといえば自律神経を鍛えるために冷水摩擦を導入しようとしたところ、子どもが寒いからイヤだと言い出したのがはじまりでした。確かに宇都宮の冬は寒い、何とか園児たちが自分から裸になりたがる手はないかと、園長先生は頭をひねり、とにかく大汗をかくまで遊んでみたところ、「先生、今日もあのじゃれっこ、やろうよ」と、子どもが翌日も、翌々日もあんまり言うもので、自然に毎朝の日課になっていったそうです。

四、五歳といえば、「不活発型・そわそわ型」を示す「幼い」子どもが、まだたくさんいていいはず。ところがこの幼稚園では、そわそわ型の子どもの割合が驚くほど少ないのです。そして、じゃれつき遊びが終わったあとは、みんな大人しく先生の話に耳を傾け、紙芝居を集中して見ています。かといって道徳教育もしつけも、この園でもごく普通のものは行っていますが、他の幼稚園や保育園と比べてその内容が大きく変わることはありません。唯一違うことといえば「じゃれつき遊び」だけなのです。

全身を使って、力いっぱいに遊ぶ「じゃれつき遊び」を朝一番にやることで、子どもの心身が覚醒し、現代にはとかく乱れがちな体内リズムや自律神経にも効果的なインパクトを与えているのではないかと研究者は分析しています。

家庭でも、親子で相撲をとったり、おしくらまんじゅうをしたり、朝一番とはいわないまでも、思いっきり力を発揮する遊びで子どもの脳に興奮状態をもたらすことは、今もっとも必要とされていることかもしれません。

56

相撲・綱引きが落ち着きと集中力をもたらす

この幼稚園では「じゃれつき遊び」をはじめて以来、園児たちが紙芝居やフラッシュカードなどの「静的」なプログラムにも集中できるようになったといいます。床にきちんと座って、紙芝居に夢中になっている子どもの目はキラキラと輝き、背筋が伸びて姿勢もいい。「動」が「静」を、「興奮」が「抑制」がもたらした、象徴的な風景といえます。

実際、園児たちに「GO／NO－GO実験」をしてみると、とくに女子は小学校の中学年から高学年に近いレベルに達していて、「不活発型・そわそわ型」の幼稚な子どもはごくわずか。幼稚園や保育園にはつきものの、些細なことでのケンカやいざこざもほとんど起きることはなく、かといって「抑制型」もいない、「興奮」と「抑制」のバランスという意味ではかなり理想的な状況に、この幼稚園の子どもはあったのです。

毎朝三十分から一時間、思いっきり遊ぶだけの「じゃれつき遊び」が、なぜこれほどの成果を上げたのでしょう。

調査にあたった研究者は、ひとつにはルールも制限もなく、子どもが持てるかぎりの力を、思う存分発揮することで、脳のなかで「興奮」が限界にまで達し、それに見合うだけの「抑制」もまた育まれたのではないかと分析しています。

また、ある小学校では、体育の授業で毎回五分間、「相撲」をとらせたところ、授業での集中力がアップしたとの報告もあり、「手つなぎ鬼」や「綱引き」でも同様の効果が得られています。つまり、心身の興奮がピークに達する「動的」な時間を与えることが、そのあとの「静的」な時間においても子どもの集中力を高めるようなのです。

しかし、そうした機会を、今の子どもが持てなくなっているのも事実。相撲の真似事をしようにも「ケガでもしたらどうするの」と怒られるし、あの遊びも、この遊びも「危ないからダメ」……これでは「興奮」も「抑制」も発達するはずがありません。全身の筋肉をフル稼動させてダイナミックに動く経験が脳を刺激し、「興奮」を引き起こすことで「抑制」も発達することを繰り返しながら、脳内のバランスは次第にとれていくのです。

その機会を、とりわけ現代には大人が意識的に与えなければならないことを、毎朝じゃれつき遊びをする子と、そうでない子の明らかな違いは教えています。今の子どもには「興奮」が足りていない、だから「抑制」も育たないし、集中できない——脳の健やかな発達のためには子どもを抑えつけることではなく、本人がとことん納得するまで、ドキドキ・ワクワクさせてあげることこそが必要なのです。

57

大自然と遊ぶにも「遊び方」がある

さて「じゃれつき遊び」「相撲」など、目に見えて「動的」な興奮が落ち着きや集中力をもたらす一方、小学校に上がってしばらくたつころになると、「静的」な遊びを通じても、子どもはワクワク・ドキドキできるようになります。

たとえば「本を読むこと」や「動物や植物、昆虫や天体など、自然を観察してビックリすること」。あるいは、今まで知らなかったことを知る、毎日の授業のなかにワクワク・ドキドキ・ビックリを見つけることでも、子どもの「興奮」は高まります。

ただし、たとえば大自然のなかに子どもをただ置けば、興奮できるというものでもありません。自然があるだけではダメなのです。

これは、ある地方の小学校での例です。そこは正直にいって山奥も山奥で、「自然だけは豊か」という土地柄だったのですが、子どもはその自然との「付き合い方」「接触の仕方」が、以前はよくわからなかった。大自然のなかで遊ぼうにも、「遊び方」を教えてくれる人がいなかったために、せっかく自然が身近にあっても、遊びといえばゲームにテレビに漫画と、都会っ子とほとんど変わらない屋内型・夜型の生活を送っていたのです。

そこで考えられたのが「ふるさと学習」という取り組みでした。この川にはどんな生き物がいて、どんなふうに暮らしているのか。山にはどんな木があってどんな花を咲かせ、どんな実が成るのか。そうした自然の恵みと、村はどう関わり、生活を営んできたのかについて、おじいさん・おばあさんが話をし、遊び方を教えて、実際に体験もさせてみました。すると、自然との接し方を覚えた子どもは、だんだん外で遊ぶようになり、「ふるさと学習」導入の十年後に「GO／NO－GO実験」を行ったところ、「活発型」の割合が、全国的にもかなり高いレベルまで増えていたといいます。

要するに自然に囲まれているからといって必ずしも興奮が高まるわけではない。ワクワク・ドキドキの見つけ方に関する最初の「カギ」を与えてもらったからこそ子どもはワクワク・ドキドキでき、自然を「静的」にも「動的」にも興奮できる場所に変えることができたのです。そして次のカギ、またその次のカギと、今度は自分で見つけていくうちに、「興奮」も「抑制」も、その切り替えも、確かなものになっていったのではないかと。

自然を教科書にするための最初のカギは、田舎に住もうと都会に住もうと、親や周囲の大人が渡して初めて、子どもは自然に学び、何かを発見することもできるのです。

58

ゲームの刺激は「前頭連合野」を素通りする

高次脳機能の発達過程では「興奮」がまず大事で、「興奮」と「抑制」とのバランスが大事。だとすればテレビを見ること、ゲームをすることでも、ワクワク・ドキドキは与えられるのではないだろうか——。

確かにテレビを見たり、ゲームをしているとき、子どもの表情がいかにもワクワク・ドキドキしているようであれば、その脳内では興奮→抑制→興奮と、活発な活動が繰り広げられていることでしょう。しかしそれはテレビやゲームによる刺激が思考や判断をつかさどる「前頭連合野」（一二三ページ図2参照）を、きちんと通過していればこその話です。

実はテレビにしろゲームにしろ、あまりに長時間続けると、その刺激が「人間らしさの脳」である前頭連合野を素通りしてしまうことが、最近の研究ではわかっているのです。

テレビやゲームによる刺激は、まず後頭葉にある「視覚野」で情報処理され、これが「頭頂連合野」に送られて認識されたあと、聴覚や記憶など、ほかの情報とあわせて前頭葉にある「前頭連合野」で分析・思考されて、最終的な行動判断が下されます。つまりゲームの画面を見て、目がとらえた視覚情報が、「視覚野」→「頭頂連合野」と送られ、「前頭連合野」で右に行くべきか・左に行くべきか、進むべきか・引くべきかを判断したあと、その信号が「運動野」に送られて、コントローラーを握る手が実際に動くわけです。

ところが毎日何時間もゲームをしているような子どもになると、「視覚野」→「頭頂連合野」の順で認知された視覚情報が、「前頭連合野」は通らずに、「運動野」にダイレクトに伝わり、いわば考えずとも手が動くように〝訓練〟されてしまっていることが少なくないのです。そんな何も考えない「頭空っぽ」状態が、テレビやゲームの前に何時間も〝集中して〟座っている子どもの脳のなかでは、わりあい頻繁に起きていると考えられます。

これでは興奮も抑制も何もありませんし、それどころかテレビやゲームの最大の特徴である「習慣性」「惰性」が、変化や新しい環境を嫌い、ワクワク・ドキドキすること自体、面倒くさがる子どもにしてしまいかねません。「テレビやゲームは一日何時間と時間を決めて」とよくいわれるのは、生活のリズムを守るためだけでなく、ワクワク・ドキドキする心を守るためでもあるのです。

テレビもゲームも、心から興奮できる時間だけ、楽しめる時間だけ楽しむこと——それが何時間なのかは、わが子が本当にワクワク・ドキドキしているか、その「表情」と相談して決めるのが一番です。

59

テレビ・ビデオを長時間見せると言葉の発達が遅れる危険が

日本小児科学会では、テレビおよびビデオの長時間に及ぶ視聴習慣が、子どもの言葉の発達を遅らせ、社会性の獲得にも支障をきたす可能性があるとして、「とくに二歳以下の子どもにはテレビを長時間見せないように」との提言を発表しています。

最近はテレビやビデオに〝子守〟をさせる親も少なくなく、小さな子どもがテレビの前で一人、画面に釘づけになっていたりもします。しかし、そうした視聴習慣は、テレビやビデオの内容にかかわらず、子どもに「有意語出現の遅れ」「表情の乏しさ」「運動能力の遅れ」をもたらし、視聴が長時間にわたるほど、またテレビを一人で見ている子どもほど発達に影響が出ることが、二〇〇三年に同学会が行った調査で明らかになっています。

この調査では、東京・中核都市・農村部の三地区で、一歳六ヵ月検診を受けた千九百名の幼児を対象に、テレビ・ビデオの視聴実態と対象児の発達状況の関係を調べています。すると、一日四時間以上テレビを見ている子どもは、四時間未満の子どもに比べて有意語（意味を伝えようとして話された言葉）が出現する時期が遅れる割合が一・三倍、また八時間以上テレビがついている家庭の子どもになると、なんと二倍に増えているのです。この八時間以上テレビがついている家庭の多くは、食事中だろうといつだろうと自由にテレビを見せていて、こうした子どもには、テレビを消されると怒ったり、もう少し大きくなると自分でテレビやビデオを操作してずっと見ていたりする依存性も確認されています。

また、同じく長時間テレビやビデオを見るにしても、親がそばにいて、話しかけたり、一緒に歌ったりしながら見ている子どもに比べて、一人で見ている子どもの言葉の遅れる割合は二・七倍に達し、言語の理解力や社会性、運動能力にも遅れがみられました。

親と一緒にテレビを見ている子どもは、親に笑いかけたり、親の歌う声に手を叩いて喜んだり、指差しをしたり、いわばテレビを介して親とコミュニケーションを取っていて、そこではテレビを見るという行為が「双方向性」を持っています。ところが一人でテレビやビデオに見入っている子どもの場合は、テレビからの情報なり刺激を子どもが受容するだけの「一方通行」で、アニメのキャラクターがどんなにたくさん言葉を話していても、子どもはただそれを聞いている「聞き役」にしかなれません。

実は子どもの言語能力は「一方的に言葉を聞く」だけでは発達せず、常に他者の「反応」がある「双方向な関係性」のなかで育まれます。テレビやビデオのなかの人間やキャラクターは、自分は一方的に話すけれど、子どもが仮に何か話しかけたとしても反応してはくれません。それこそ最近は子どもに言葉や英語をおぼえさせる目的でテレビやビデオを見せる親も多いようですが、そばに「反応してくれる誰か」がいなければ効果はあまり期待できず、単に受身で聞いた言葉は根づかないのです。

さらにこの調査では、同じビデオを何度も繰り返し見る「反復視聴」にも問題があると指摘しています。ビデオに子守をされて育ち、自分が見たいビデオを見たいときに何度でも見ることができると知っている子どもには「言葉の遅れ」「表情が乏しい」「視線を合わせない」など、社会性の欠如がみられ、他者との関わりを嫌う傾向があるのです。ただしこうした子どもも、テレビやビデオの長時間視聴をやめると症状は改善し、逆に、お気に入りのビデオなどの反復視聴にハマると、短期間に症状が進んだという報告もあります。

したがって、とくに小さな子どもにはテレビ・ビデオの視聴を制限すること、見るとしても親ができるだけそばにいて、一緒に歌ったり話しかけたりしながら見ること、とにかくテレビの前に子どもを一人で放っておいたり、ビデオに〝子守〟をさせたりしないことが大切です。

そして、テレビは基本的につけっぱなしにせず、親も子も見たら必ず消すこと。食事中や授乳中はテレビをつけないこと。子ども部屋にテレビは置かないこと。ビデオソフトは子どもが自分では取り出せない場所に置き、親が管理すること。おもちゃや絵本を子どもの視界に置くなど、テレビ以外にも関心を向けさせること。また、タイムスイッチを利用して親がテレビ自体を管理することなどを、日本小児科学会では提案しています。

アメリカの小児科学会では、脳の発達初期には生身の人間との関わりこそ重要だとして、それこそ「二歳以下の子どもにはテレビそのものを見せるべきではない！」と、より強硬なメディア排除の姿勢を打ち出しています。確かにテレビ、ビデオ、ゲーム、インターネットなどの映像メディアが、子どもの脳の発達や健康に悪影響を与えているとの研究報告は多々あり、やはり親としては慎重になるべきでしょう。それほど神経質にはならずとも、テレビやビデオは必ず親子で楽しむなど、親にも子にもよりよいメディアとの付き合い方を考えたいものです。

60

女の子より男の子が危ない

今の子どもに必要なのは、動的にしろ静的にしろ、我を忘れてとことん興奮できる遊びであり、その遊びを本人が満足できるまで「しっかり遊びつくした経験」です。

もちろんサッカーを習わせたり、水泳教室に通わせたりすることでも、カラダの筋肉は動きます。しかし、あらゆるスポーツにはルールがあり、たとえばサッカーの試合中、ピッチを駆けまわっている子どもの興奮は、オフサイドの笛が鳴ればいったん中断されます。もちろんルールや規則に親しむことも大事なのですが、今の子どもにはそうしたルールや決まりごとで「興奮が断ち切られることがない遊び」がまずは必要で、ルールや帰宅時間を守らせるのはあくまでそのあと。十分興奮したあとで、十分間に合います。

とりわけ気になるのが男の子です。昔の子どもと今の子どもを比べると、遊び方や生活スタイルが大きく変わったのは女の子より男の子。おままごとや人形を使った「ごっこ遊び」など、比較的「静的」な遊びの中にもワクワク・ドキドキできる術を持ち合わせている女の子は、カラダを大きく動かさずとも脳を育てることが昔からできていたのです。

かたや野山を駆けまわり、イタズラにケンカ、ときには大ケガもしながら、ありったけの力や筋肉を総動員してかつて脳を育てていた男の子たちは、最近では走りまわることも、ケンカをすることも、歩くことさえ少なくなり、学校から帰るとじっとテレビの前に座って、ゲームばかりしています。珍しく友だちと外で遊ぶというので覗きに行ってみると、みんなで仲よくやっているのは結局ゲームで、それも対戦型でも何でもなく、各自で好きなゲームをやっていたりする光景も、今ではとくに珍しくもなくなりました。

かつてはカラダをいっぱいに動かし、「動的」な遊びを通じて興奮してきた男の子が、きわめて「静的」で、しかも興奮が脳を素通りしているかもしれないゲームに、女の子以上に引きずられている……その「落差」は心配です。オスというのは本来、事の危険性など忘れてしまうくらい、とことんまで興奮するなかで成長をとげてきた生き物かもしれず、そんな動的で荒々しく、ときには暴力的でさえある興奮を経験する機会を今の男の子たちは、脳の発達初期に十分持てていません。それが、キレたり、引きこもったりする、現代の男の子をめぐる「異変」と関わりがあるのではないかと指摘する研究者もいます。「興奮」が育つから「抑制」も育つ。しかし、放っておいても子どもが興奮できた時代は、いまや昔なのです。

61

今の子どもに必要なのは、しつけより遊び

保育園や幼稚園や学校など、従来の教育が「子どもというのは放っておいても興奮するもの」という前提のもとに、その抑制や鎮静に重きが置かれてきたとするなら、かつての前提条件だった子どもの興奮を、まずは高める教育が、現代にはとにかく必要です。

「GO／NO－GO実験」の結果分析で用いたように、人間の行動は「興奮」と「抑制」のバランスから五つのタイプに分類できるとしたのは、実はロシアの生理学者、イワン・ペトローヴィッチ・パヴロフ（一八四九～一九三六）でした。彼はかの「パヴロフの犬」の研究で知られ、一九〇四年には別の研究でノーベル生理学・医学賞を受けています。

パヴロフは、とくに興奮と抑制の平衡を欠いた「弱い型」（先の分類でいうと、「不活発型」）と「非平衡型」（先の分類でいうと、「興奮型」と「抑制型」）に注目し、この三つは「ストレスを抱え込みやすく」「容易に神経症となる」と指摘しています。

もっとも「パヴロフの犬」といわれるように、臨床実験にもっぱら犬を用いた彼の見解が、そのまま人間にも当てはまるとはかぎりません。実際、「抑制型」の犬などというも

のはこの世に存在せず、パヴロフも犬の行動に関しては「不活発型」「興奮型」「おっとり型」「活発型」の四タイプに分類し、これをより高度な人間に当てはめた場合には「抑制型」というべきタイプも出てくるだろうと、いまひとつのカテゴリーを「予言」していたのです。

とはいえ、興奮と抑制のバランスに問題がある犬ほど精神的な病気になりやすいことを数多くの臨床実験を通じて確認してきたパヴロフの見解は、イジメによる自殺や不登校、「キレる子ども」や引きこもりが社会問題化するなかでは、無視できるものではありません。まして、理論上のカテゴリーだった「抑制型」の子どもが現実にも見受けられるようになった今、イジメが自殺にまでつながってしまう子どもの心に何が起きているのか、現状を正確に知るためにも、脳における「興奮」と「抑制」のバランスに、私たち大人はあらためて注目すべきなのです。

ところが現在進められている「教育改革」では、道徳教育の義務化や体罰を含むしつけの強化徹底など、もっぱら「抑制」や「管理」ばかりに重きが置かれ、「バランス」に対する配慮は一切なされていません。そのような「改革」は逆効果を生むことにもなりかねず、今の子どもには「抑制」ではなく「興奮」こそが足りていない――。しつける前に、管理する前に、子どもを思いっきり遊ばせることが、現代の教育には欠かせないのです。

第七章　子どもの脳を創るための栄養学

62

ブドウ糖が切れると三分で死滅する脳細胞

私たち人間の脳は、通常「ブドウ糖」しか、エネルギー源として利用することができません。

もちろん大人もそうですが、とりわけ各神経細胞同士がネットワークを築くのに忙しい発達初期の子どもの脳は、活動量が多いだけに多くの糖を必要としています。

どの世界でも「働き者は大食らい」と相場は決まっているもので、この時期の脳はたいへんな食いしん坊。それでなくとも脳というのは、カラダの総重量に対してわずか二パーセントの重さしかないのに、エネルギー総消費量のうち実に二〇パーセントも消費する「大食漢の臓器」で、成人男性で一日一二〇グラムのブドウ糖が必要だとされています（いずれも体重六三キロの成人男性で計測、とくに激しいスポーツなどをしない平常時）。これが生後間もない赤ちゃんになると、なんと全体の五〇パーセント近いエネルギーを脳が消費している計算になるのです。

たとえば乳児の場合は、母乳に含まれる「乳糖」や「オリゴ糖」を分解するかたちで、脳の発育に必要なブドウ糖を摂っています。

また、脳内の神経組織がだいたい大人と同じレベルまで形成されるのが十二歳くらいといわれ、このころにはもう大人並みの一日一二〇グラムのブドウ糖が必要になります。

もちろん幼児期・学童期の子どもの脳にもそれ相応のブドウ糖が欠かせないことはいうまでもありません。何歳で何グラムというハッキリしたデータは残念ながらありませんが、子どもの脳への糖の供給が常に十分であるよう心がけたいものです。というのも、活動のエネルギー源であるブドウ糖の供給が完全に断たれると、脳の神経細胞というのはなんと約三分で死滅してしまうのです。

これが実は、脳の特殊性でもあります。たとえば手や足の動きや感覚に関わる神経などは、一度死滅したり分断されてもまたつながったりして、これ以外の神経組織も多くは再生が可能です。ところが脳をはじめとする「中枢神経系の神経細胞」には、いったん死んでしまうと二度とは生き返らない特徴があり、だからこそ「カラダのための栄養学」とは別に「脳のための栄養学」をきちんと理解することが大切になってくるのです。

そして「脳のための栄養学」のカギは、何よりブドウ糖の上手な摂り方にあります。

63

朝ごはんを食べた子どもの成績がよくなる理由とは?

ブドウ糖は、砂糖や果物といった甘いものに限らず、お米やパン、麺類やイモ類などの炭水化物に多く含まれる主要栄養素のひとつです。とくに脳にとっては、なくてはならないエネルギー源。ブドウ糖が脳に送られて初めて、人はものを考えることができ、ガソリンが満タンでこそ子どもの集中力はアップし、勉強や運動もはかどるのです。

たとえば、夜七時に夕食を食べた子どもが、翌朝七時に朝食をとるとすると、そのあいだには十二時間ものブドウ糖供給のブランクが生まれます。しかもカラダは眠っていても、脳は夜も昼と同じように働いているので、朝起きたときのブドウ糖の「貯金」はスッカラカン。一日のなかでも最悪の低血糖状態、ガス欠状態に陥ることになります。

このピンチから子どもを救ってくれるのが、朝ごはんです。朝食として食べたごはんやパンのブドウ糖が、午前中、授業を受ける子どもの脳のなかでエネルギーとして使われ、お昼に食べたパンやごはんのブドウ糖が、午後の授業の活力源になります。

これが朝食を抜いてしまうと、午前中にパワー不足になるのはもちろん、給食で午後用のエネルギーを摂っても午前中の不足分を埋めるのに使われる格好になり、一日中エネルギーが不足した状態が続きます。これではその子がどんなにマジメに授業を受けたところで、アタマは働くはずがありません。

実際、「朝ごはんを毎日きちんと食べる子ども」と、「朝ごはんを抜きがちな子ども」の学力を比較すると、どのデータをみても「朝食抜き派」は完敗といえるありさまです。

たとえば、ある小学校の生徒、九歳から十一歳の子どもを対象として、「朝ごはんをシッカリ食べた日」と「食べそびれた日」の、CPTと呼ばれる連続作業テストにおける間違いの数の増減を、時間帯ごとに調べたオハイオ大学の実験があります。これは同じ集団を対象にした平均値ですから、もともとの学力や能力は変わらないはず。ところが、

①　全体に朝食を抜いた日ほど間違いが増えている＝集中力を欠く

②　朝食を食べた日でも、時間が経つにつれて集中力は低下する

……つまり、その子のもともとの成績に関係なく、朝ごはんをちゃんと食べたかどうかがアタマを良くも悪くもする。また、朝食で摂ったブドウ糖の「効力」も、お昼までギリギリ持つか・持たないかだということが、この結果には如実に表れています。

これは大人も同じで、朝の脳はブドウ糖＝エネルギーが空っぽ。だから試験のときこそ朝食は大事、大事な仕事がある日こそ、朝ごはんをしっかり食べることが大事なのです。

64

朝ごはんには、アミノ酸バランスのいいごはんがオススメ

ところで朝食には、ごはん食とパン食、どちらがいいのでしょう。

脳の活力源としてブドウ糖を摂取するには、ごはんでもパンでも、実は大して変わりありません。また、ごはんもパンも「タンパク質」を含みますが、含有量は七・五〜八・〇パーセントと、量的にはほぼ同じ。ただ、その「アミノ酸組成」の質が少々違うのです。

人間のカラダは、筋肉にしろ、内臓にしろ、おもにはタンパク質でできています。そのもとになるのがアミノ酸です。人間のみならず動物の体内では、毎日の食事から摂取したタンパク質をアミノ酸にいったん分解し、これをもとに、人間でいえば実に十万種類ものタンパク質を再合成して、いわば血肉としています。

また、あるタンパク質を合成しようとしたときに、その材料となるアミノ酸がないと、そのアミノ酸を、なんと体内のタンパク質を分解して、自前で合成することさえできてしまうのです。このように自前でも合成できるアミノ酸を「非必須アミノ酸」、体内では合成できないアミノ酸を「必須アミノ酸」といい、後者は食べ物から摂取せざるをえません。

パンの原料・小麦に含まれるタンパク質はおもに「グルテン」と呼ばれるものですが、実はこのグルテンには、リジンやスレオニンといった必須アミノ酸の含有量が非常に少ないのです。

したがってパン食の場合は、タンパク質を他に摂ることが「必須」になります。ハムエッグやスープなど肉や卵と一緒に食べてこそ、パンは理想的な朝食になるのです。

考えてみればパンを食べる民族というのは、おおむね肉食の民族です。

たとえばステーキとパンを一緒に食べたときカラダのなかで何が起こっているかというと、まずは胃や腸のなかでパンのでんぷんが消化されてブドウ糖になり、これがすい臓を刺激して「インスリン」の分泌を促します。一方、ステーキのほうも、胃や腸でアミノ酸に分解され、これが肝臓から全身に送られて、タンパク質を合成します。

このタンパク質合成の際に必要なのが、インスリン。いわばせっかく食べた肉を、より効率よく血肉にするための「信号」として、肉のためにパン＝でんぷんを食べるというのが肉食文化の思想なのです。

ところがこのパン食が、日本ではどうも「パンだけ食」になりがちです。朝食にパン食を選ばれる理由としてもっとも多いのが、「忙しい朝でも、支度が簡単だから」というものですが、「パンだけ頬張って、行ってきます」では、あまり感心できません。もちろん朝食抜きよりはマシですが、マシは所詮マシ程度でしかないのです。

一方、炊きたてのごはんに熱いお味噌汁、おかずは焼き魚や生卵、焼海苔にじゃこの佃煮など、日本の朝ごはんは、確かにパン食に比べると多少手間はかかるものの、タンパク質やカルシウム、ミネラルにいたるまで、栄養バランスの点で非常に優れています。

また、いろんなものを、ゆっくり嚙んで食べる食習慣を根づかせる点でもごはん食は有効で、消化吸収の面でいいのはもちろん、子どもに精神的なゆとりをもたらします。

実はごはんのアミノ酸バランスは、パンよりもはるかに優れています。「生物価」と呼ばれるタンパク質の評価方法を用いてこの二つを比べると、白米の生物価が七五、精白小麦は五二と、もっぱら白米に分があります。

ということは、白いごはんだけをかきこんだにしても、トースト一枚をかじって家を出るよりも、栄養面では勝っていて、忙しい朝だからこそ実はパンよりごはんなのです。また、学童以上の場合は、給食はおもにパン食ですから、いろんなものをバランスよく食べるという意味でも、「朝はごはんで、昼はパン」がよいといえるでしょう。

くわしくはあとに書きますが、ブドウ糖だけでなくタンパク質も、脳には欠かせない栄養素。ごはん食・パン食、いずれにしても、朝食には卵でも肉でも魚でも、簡単なものでいいですから、タンパク質のおかずを一品、つけるようにしたいものです。

65

脳のピンチを救う肝臓のバックアップシステム

さて、常にブドウ糖が供給されなければ脳細胞は死滅してしまうと書きましたが、だからといって一日中食事をしているわけにもいきません。一日二十四時間のうち、子どもには遊んだり、勉強したりする時間だって必要ですし、お風呂にも入れば、眠りもします。

人間の脳やカラダが一日に必要とするブドウ糖は成人で一二〇グラムといわれますが、全身の血液中に蓄えられるブドウ糖はたったの五グラム。この量では計算上、一時間しか持ちません。

ところが人間のカラダというのは実によくできていて、食事がとれない間も糖を貯め、また、つくることさえできる、自前の「バックアップシステム」が備わっているのです。

私たちがもっとも長い時間、食べることから遠ざけられるのが睡眠中です。寝ている間に脳がガソリン切れになると、人間のカラダというのは肝臓に「グリコーゲン」という形で蓄えられたブドウ糖を、いわば貯金を切り崩すようにして、使うことができるようになっているのです。

ただし、肝臓にグリコーゲンとして蓄えられるブドウ糖は、大人でも一度の食事でせいぜい六〇グラムと、上限があります。

たとえば前の晩、七時に夕食を食べて六〇グラムぎりぎりまで貯めこんでも、脳は夜寝ている間も、それこそ睡眠という「労働」をするために働いています。夜も働き者の脳は、夕食で貯めこんだその六〇グラムを、翌朝までにすっかり使い切ってしまうのです。つまり、朝起きたら、肝臓のグリコーゲンは空っぽ。だから朝ごはんは大事なのです。

ちなみに、筋肉も肝臓と同じように、ブドウ糖からグリコーゲンをつくって蓄えています。しかし、そのあとの代謝のしかたが実は少々異なるのです。

ここでは酵素の違いとだけ説明しておきますが、肝臓のグリコーゲンが分解されるとすぐまたブドウ糖に戻れるのに対して、筋肉でグリコーゲンが分解されると「乳酸」になります。実はこの乳酸も時間さえかければふたたびブドウ糖に変わることもできるのですが、脳のエネルギー源として働く即戦力としては、ほとんど期待できません。

朝ごはん抜きで、血液中にも肝臓にも貯金がないまま向かった仕事で失敗しても、大人は自業自得ですが、わが子のテストの成績がどうこういう前に、毎朝きちんとブドウ糖を摂取させることを、親たちは心がけるべきなのです。

66

一日三食のうち二食は脳のための食事

人間のカラダは、たとえば脂肪ならいくらでも蓄えられるのに、脳に不可欠なブドウ糖にかぎって血中に五グラム、肝臓に六〇グラムと、貯蔵量に限界があって蓄えにくい。そして、いくらでも貯めこめる脂肪を唯一エネルギーとして使えないのが脳でもあります。

たとえば登山中に遭難した人が、水だけで何日も生きていたというニュースを耳にすることがありますが、人間は水さえあれば、体重六〇キロの男性でだいたい一五キロは蓄えている体内の脂肪を切り崩して、半年は何も食べなくても生きられるといいます。女性がピンチに強いといわれるのも、一般に男性よりも体質的に脂肪がつきやすいからです。

そんなふうにカラダは脂肪をエネルギーにできるのに、脳だけは、貯蔵量に限界のあるブドウ糖しか使ってくれない、なかなかにワガママな臓器なのです。

そうはいっても、ホントにいざというときは、全身の筋肉を構成する「タンパク質」を分解し、「アミノ酸」からブドウ糖を合成して、脳に送る「糖新生」という最終的なバックアップシステムもあることはあります。しかし、それこそ「身を削って脳が死なないようにする」ようなもので、糖新生にもやはり限界はあります。ブドウ糖の定期的な補給を怠れば、脳の危機はいつなんどきにも訪れかねないのです。

そして、成人で一日に一二〇グラムのブドウ糖が脳に必要だとすれば、肝臓にグリコーゲンとして蓄えられるブドウ糖は一回の食事で最大六〇グラムですから、最低でも一日二回はごはんを食べて、肝臓に六〇×二＝一二〇グラムのブドウ糖を蓄えなければ、脳は働かないことになる。しかもブドウ糖は脳だけでなく、心臓や筋肉などカラダからも必要とされていますから、そのぶんまで補うとなると、三食はどうしても必要なのです。

このように私たちが何気なくそうしている「一日三食」の正しさは、ブドウ糖代謝の面からも合理的に説明できます。

一日の食事量が同じでも、一度にまとめて食べるより、三回に分けて食べるほうがよしとされるのも、肝臓のグリコーゲンに貯蔵リミットがあるから。ブドウ糖をどんなにたくさん摂っても、肝臓は一度の食事では六〇グラムしか蓄えられず、残りは、ムダになるだけならまだしも、体脂肪として蓄えられ、あとは肥満への道をまっしぐらです。

つまりブドウ糖の蓄積量が少ないから、しかも脳のブドウ糖消費量が多いから、一日三回ごはんを食べなければならない。そのうち「二食は脳のため」、「一食はカラダのため」に食べているという意識を持つことは、食育の観点からいっても非常に大事です。

67

朝ごはんによる体温上昇が、脳細胞の活動をスムーズにする

朝ごはんはエネルギー不足に陥った朝の脳に、唯一のエネルギー源＝ブドウ糖を供給するだけでなく、実は毎日の体内活動リズムを整えるうえでも大きな役割を担っていることが、最近の研究ではわかっています。

また、朝ごはんを毎朝きちんと食べることによって、その日一日の食事摂取量が適当に調節され、メタボリック・シンドロームの予防ができることがわかってきています。

第二章でも触れたように、人間の体内時計はもともと一日が約二十四・五時間と、三十分ほどズレています。これを地球用の二十四時間周期時計に修正してくれるのが、目から入って、「視床下部《ししょうかぶ》」の「視交叉上核《しこうさじょうかく》」に送られる、「朝の光の刺激」です。

人間の体内リズムのメカニズムをオーケストラにたとえれば、視交叉上核がいわば指揮者で、腸や肝臓や心臓などの〝楽団員〟は基本的にはその指示に従って、一日二十四時間の「日内リズム」というハーモニーを奏でています。ところがよくしたもので、この指揮者が多少サボってもハーモニーに大きな支障が出ないよう、実は楽団員は楽団員でそれぞ

れ自分なりの時計を持っていて、指揮者不在でも自分たちだけで「日内リズム交響曲」を演奏できるよう訓練されています。仮に朝日を浴びなくても、朝食を毎日きちんと決まった時間にとり、腸や肝臓が働き出すことで、カラダはその日一日のリズムを刻みはじめ、日々の食事量も自ずとコントロールされていくといいます。

したがって体内時計遺伝子の研究者の間では「肝臓などの臓器にも体内時計はある」という言い方が一部にされ、マウスを使った実験では光の刺激より、むしろ給餌《きゅうじ》の刺激に、体内リズムは影響を受けやすいという結果も出ています。

いわば視交叉上核が世界の標準時刻となるグリニッジ天文台で、腸や肝臓など「各国」にちらばったローカル時計は、毎朝、各自の秒針を視交叉上核の指令で世界標準に合わせます。とはいえ、ときどき調針をサボったくらいでは時計が大きく狂うことはなく、むしろ毎日の食事の刺激によって、臓器に存在するローカル時計は一日一日のリズムを自ずから形成してもいます。

つまりこの「摂食リズム」さえきちんとしていれば、光の刺激による体内リズムの「同調」が多少おろそかになっても、一日のペースは維持できるわけです。

さらに、朝ごはんと夕ごはんのどちらが体内リズムの調整に寄与するかを調べた実験では、肝臓などの「体内時計遺伝子発現リズム」は、朝ごはんの刺激により影響を受けやすいことがわかっています。

また、脳の活発な活動には、体温が適正レベルまで上昇していることが前提となります。そして、この体温上昇のカギを握るのも食事、とりわけ朝ごはんなのです。

体温は、体内時計と脳の働きの関係を考えるうえで、もっともわかりやすい指標のひとつです。人間の体温は「概日リズム」を刻んで変動し、とくに明け方から朝にかけて体温が上昇に転じるかどうかが、寝覚めの快適さはもちろん、一日を通じた活動の効率に大きく関わっています。また、糖の代謝を促進するコルチゾールなど各種ホルモンも、体内時計によって分泌のサイクルがコントロールされています。

体温は通常、朝四時ごろがもっとも低く、そこから上昇に転じて、午後四時ごろピークに達し、ふたたび下降に転じます。一日の変動の幅は〇・五〜一・〇度と人によりますが、体温が十分に上がっていて初めて、脳などの体内の細胞の働きは活発になります。

たとえば各種スポーツ競技における世界記録は「午前よりも午後」に多く更新されているように、体温と細胞の活動効率は密接に関わっています。また、テストや試験の成績も、午前と午後ではおおむね午後のほうが正答率が高いとしたデータは枚挙にいとまがなく、脳の細胞もある程度体温が上がっていなければ、本来のようには働きません。

最近では、お昼をすぎても体温が三十五度台の低体温の子どもが増え、これでは勉強にしろ運動にしろ、その子の能力が十分に発揮されるはずがありません。

　そうした子どもの脳やカラダのスムーズな活動の支えとなるのが、毎日決まった時間に摂る食事なのです。人間をはじめ動物においては体内時計が刻む「概日リズム」による体温変動に加えて、食事を摂ることでも、体内に熱が発生し、体温が上昇します。これを「熱効果」または「特異動的作用」といいます。

　たとえば朝ごはんで摂ったブドウ糖や脂質の四～五パーセント、タンパク質では実に約二〇パーセントが熱に変わり、体内時計に基づいた午後にかけての体温上昇を、さらに加速させます。つまり、午前は午後よりどうしても体温は低いのですが、朝ごはんをしっかり食べると、その熱効果で体温は上がり、午前中の不利を挽回することもできるのです。

　とくにタンパク質の熱効果は大きいので、朝ごはんにはお米やパンによるブドウ糖の摂取＝脳のエネルギー補給はもちろん、卵や肉・魚類などタンパク質のおかずで体温を上げることも大事。試験や運動会など「特別な日は、おかずをあともう一品」というお母さんの心遣いには、栄養学的にもきちんと裏づけがあるのです。

　このように朝ごはんは、とかく夜更かし・朝寝坊になりがちな現代の子どもの脳やカラダにエネルギーを供給し、体内リズムを整え、体温を上げてくれる、ありがたい存在なのです。

68

ビスケットやプリンのおやつで、午後の脳に栄養補給

朝の超・低血糖状態から子どもを救うのが朝ごはんなら、昼ごはんと夜ごはんのあいだの「もうひとつの空白」を救うのが、おやつです。

子どもはだいたいが学校に上がるころになると、肝臓にグリコーゲンを「貯金」できるようになります。たとえば給食を十二時に食べた子どもが、夕食を七時に食べるとすると、その間は実に七時間。この空白を埋めるためには、肝臓のグリコーゲンを分解してブドウ糖をつくり、何とか夕食まで凌ぐことになります。

この肝臓のグリコーゲンの分解を促すのが、おやつに食べる「甘いもの」なのです。

昼ごはんを食べることでいったん上昇した血糖値は、その後徐々に低下していきますが、そんなとき、クッキーでも飴でも、ちょこっと口にする甘いものが刺激となり、肝臓ではグリコーゲンの分解を促進するホルモン「グルカゴン」が分泌されます。

つまり甘さという「信号」を受け取ることで、グリコーゲンの分解はより活発になり、ブドウ糖をつくっては脳に送るので、ぼんやりしかけたアタマがまた冴えてくるのです。

実際、ラットの実験では、低血糖状態のラットにショ糖溶液を飲ませ、血液中のブドウ糖濃度、つまり「血糖値」の変化を調べたところ、ショ糖を摂取したことで増加するはずの血糖をはるかに上回る値が計測されました。

つまり〝甘い汁〟を吸ったことによって、カラダのどこかでその汁に含まれる糖以上の糖がつくられたことになり、どこかといえば、もちろん肝臓です。

また、母乳に含まれる乳糖の量は、赤ちゃんが生後六ヵ月くらいになるころから徐々に減っていくので、六ヵ月以上の乳幼児の「食いしん坊な脳」にもおやつによる糖の補給は欠かせません。おやつの選び方としては、砂糖そのものより、できれば「タンパク質」も含むビスケットやプリンなどで糖を摂るようにしましょう。

というのは、甘いものを食べると、「すい臓」からは「インスリン」が分泌されますが、糖尿病治療に用いられることでも知られるこのホルモンが、血糖値を逆に下げてしまう可能性があるのです。そのインスリンの分泌が、タンパク質と糖を一緒に摂るとうまくコントロールされ、糖分を摂ったのに低血糖などという事態は起きにくくなります。

子どもには卵や牛乳を使った、できれば消化がよく、添加物などは含まれていないおやつを、よく選んで与えましょう。グリコーゲンの貯金ができるようになった六歳以上の子どもなら飴を舐めるだけでも血中のブドウ糖濃度が上がり、脳はしゃきっとします。

69

子どもの脳に、もっと甘いものを！

発達期の子どもの脳にどんなに糖が大切かは、すでにご紹介したとおりですが、一方で心配なのが「本当に砂糖や甘いものをたくさん食べさせて大丈夫なんだろうか」ということです。なにしろ砂糖というのは「肥る」「虫歯になる」と、何かと悪者扱いされる運命にあり、最近は「スタイル維持のために甘いものはガマン！」という小学生までいます。

しかし人間の脳、とくに子どもの脳には、糖は必要不可欠で、「脳のための栄養学」の基本は糖の摂り方にこそあります。ところが、日本人は砂糖の摂りすぎに必要以上に神経質なくらいで、実は砂糖が足りないといっても過言ではない状況にあるのです。

データによってかなりバラつきはあるものの、欧米諸国の成人一人あたりの砂糖消費量は一日平均四〇グラム～最大七〇グラムほど。かつては砂糖の摂りすぎと心臓血管病の関係が取り沙汰されるなど、諸悪の根源とされてきた砂糖を、近年は摂らなくなってこの数字です。これが日本人になると、厚生労働省発表の最新データでは、一日わずか約七・一グラムと、驚異的に少ないのです。

その後、この砂糖の過剰摂取と心臓血管病の関連性に関しては、世界保健機構（WHO）が根拠がないとして結論づけています。ただその一方で、子どものころに甘いものを食べ過ぎると「注意欠陥・多動性障害（ADHD）」になりやすいとの報告がアメリカの学会でなされるなど、砂糖をめぐっては今なお諸説入り乱れた状況にあります。

しかし一日七・一グラム、多くて二〇グラムしか摂らない日本人に、まず問題はない。それどころか、脳が育ちざかりにある子どもは、もっと甘いものを摂るべきなのです。

もちろん虫歯については注意が必要です。ただ現在の摂取量ならそれほど神経質になる必要はなく、「食べたら歯みがき」を習慣化するなど、虫歯にならない注意で十分です。

また、肥満に関しても、甘いものが悪というよりは、お菓子をのべつまくなし食べたりする生活習慣こそが、問題なのです。「おやつは、おやつの時間に食べる」習慣さえ身についていれば、おやつは食べていいのです。

まして、よほどの肥満児でもないかぎり、小学生でダイエットなど、感心できません。この大事な成長期に脳までギスギスと痩せ細ってしまうと、取り返しはつきません。

子どもが甘いものを好むのは、子どもの脳が甘いものを要求しているから。赤ちゃんが甘い母乳に必死で吸いつくように、発達期にある自分の脳には甘いものが必要だということを、子どもは本能的に知っているのかもしれません。

70

肉・魚・卵など「タンパク質のおかず」が脳をつくる

脳の唯一のエネルギー源はブドウ糖。しかし、脳そのものをつくるのは「タンパク質」そして「脂肪」です。とくに脳が形成される幼少期にタンパク質が不足すると、その発育に支障をきたすことになりかねません。お肉や魚、卵といった「タンパク質のおかず」は、子どもの血肉となるばかりでなく、実は脳もつくっているのです。

人間の脳の約九〇パーセントは水分です。この水分を除いた「乾燥重量」でいうと、脳の約五〇パーセントは「脂肪」、四〇パーセントは「タンパク質」でできています。

体重に対する脳の重量増加率そのものは、出生間もなくにピークを迎えますが、その後、脳のあちこちで神経細胞の成熟が進み、大人とほぼ同じ重量になるのが六歳くらいのとき。したがってこの間に十分な脂肪とタンパク質を摂るよう心がけることが重要です。

たとえば十分なタンパク質を与えられずに育った子どもの脳はIQ（知能指数）が明らかに低くなることが、一九三〇年代にアフリカ・黄金海岸地域で見つかった「クワシオルコール」（現地の言葉で赤い頭髪の意）という病気の子どもの研究でわかっています。

この地域にはタンパク質はほとんど摂らず、炭水化物だけを摂る食文化があり、

① 食事全体のエネルギー量は足りているものの、生まれてこのかたタンパク質をほとんど摂らずに育ったクワシオルコールの子ども

② タンパク質だけでなく全体のエネルギー量が不足した状態で育った子ども

③ タンパク質・エネルギー量とも十分な食事を与えられて育った子ども

の、それぞれＩＱを比較しました。まず③がもっとも高いのは、ある程度想像のとおり。続いて二番目が、実は②の子どもでした。つまり②の栄養失調の子どもよりも、①のタンパク質だけが不足した子どものほうが、ＩＱが低いという結果が出たのです。

もちろんクワシオルコールの子どもは、「そういう文化」のもとで育てられただけで、豊かな日本にあって満足に食事も与えられない子どもと一緒にして語るべきではありません。が、幼少期のタンパク質の不足が、少なくとも脳の発達に多大な影響を与えることは確かで、①の子どもにスキムミルクなどのタンパク質を与えると全身の栄養状態は改善するものの、脳の機能は一生回復されないことが、その後の追跡調査でわかっています。

わが子の脳を健やかに育むためにも、ごはんやパンなどの主食の他に、肉・魚・卵など「タンパク質のおかず」をつけましょう。「パンだけ」「おにぎりだけ」でもお腹は満たされますが、いろんなものを食べる習慣を身につけることが、脳の発育には欠かせません。

71

良質のタンパク質が、脳内の「神経伝達物質」をつくる

脳の乾燥重量の約四〇パーセントはタンパク質。とりわけ脳内の情報伝達を担う「神経伝達物質」の生成に、タンパク質は重要な役割を果たしています。

たとえば、第二章でも触れた「セロトニン」は、脳の広範囲に働きかけてその活動をスムーズにし、子どもに情緒的安定をもたらすなど、極めて重要な神経伝達物質です。その材料となるのは、必須アミノ酸の「トリプトファン」。これは体内では合成することができないので、食べ物から摂るしかありません。

さらに、学習能力や記憶と関わりの深い「アセチルコリン」や「ヒスタミン」、運動・学習の「文武両道」に関係のある「ドーパミン」、意欲に関わる「ノルアドレナリン」といった神経伝達物質も、タンパク質の摂り方次第で分泌量が左右されます。

かといってタンパク質なら何でもいいのかというと、何よりも大事なのはその「質」です。タンパク質は計二十種類のアミノ酸から合成され、うち九種類は体内で合成できない「必須アミノ酸」、十一種類は足りなければ自前でつくることもできる「非必須アミノ酸」

です。

そして、神経伝達物質の材料としてとくに摂取したいのが、必須アミノ酸の「トリプトファン」と「ヒスチジン」、および、一般的な栄養学では非必須アミノ酸に分類されるものの、脳に関する限り「必須」といっていい「チロシン」です。ドーパミンやノルアドレナリンの材料となるチロシンは脳内に常に供給される必要があり、「脳のための栄養学」では必須アミノ酸に分類します。

人間の脳においては現在、約百種類の神経伝達物質が確認されており、そのすべてが食事で口にする肉や卵のタンパク質を分解したアミノ酸を原料にして、基本的には脳のなかでつくられます。たとえば「グルタミン酸」や「アスパラギン酸」は神経伝達物質のひとつですが、これは自前でもつくれる非必須アミノ酸そのものが神経伝達物質として働くので、普通に食事をとってさえいれば特に配慮は要りません。

ところがトリプトファンのような必須アミノ酸の場合、これを含む食品をまったく摂らないと、脳のなかでセロトニンをつくろうにも材料がないのでつくれないのです。

このセロトニンが脳内に不足する弊害はすでに書いたとおりで、いわゆる「キレる子ども」を低セロトニン症候群ととらえる脳科学者もいます。もちろん、トリプトファンさえ摂っていればキレないというほど脳の仕組みは単純ではないものの、必須アミノ酸を含むタンパク質を摂取することがいかに大事かを示す一例にはなるでしょう。

たとえば「鶏卵」にはトリプトファンやチロシンが多く含まれ、「牛肉」「牛乳」など、アミノ酸構成バランスに偏りのない、とくに必須アミノ酸を含む良質なタンパク質を選んで食し、多少の偏りはいろんな食品を食べて相殺することが、脳のためには大事です。

タンパク質の評価法のひとつに「生物価」があります。これはその食品に含まれるタンパク質が体内でどれだけ有効に利用されるかという、いわば栄養的な歩留まりを数値化したものです。この生物価は、植物性タンパク質に比べると総じて動物性タンパク質のほうが高く、なかでも鶏卵は全卵で九四、卵黄で九六と押しも押されもせぬ首位にあります。

一方、その食品のタンパク質を構成するアミノ酸のバランスを評価する「アミノ酸スコア」でも、鶏卵は評価基準となる「標準タンパク質」のひとつに採用されています。

それほど優秀な卵にも、よくないウワサはつきまとうもので、最たるものがコレステロールでしょう。鶏卵一個に含まれるコレステロールは約二五〇ミリグラムですが、成人病でもないかぎり、普通の人が一日に二個や三個の卵を食べたところで、実は血中のコレステロール値は極端に上がったりはしません。それどころか子どもにとってコレステロールは、脳が発達するうえで重要な役割をするなくてはならない物質です（二四九ページ参照）。アレルギーの問題がないかぎり、子どもは積極的に卵を食べるべきでしょう。

72

「脳にいい」サプリメントは脳の関所「血液・脳関門」を通れない

神経伝達物質「セロトニン」が子どもの情緒を安定させるなら、セロトニンそのものを手っ取り早く摂取することはできないのか。学習能力に関わるアセチルコリンにしろ、運動能力を高めるらしいドーパミンにしろ、サプリメントで摂ることはできないのか——。

そう考えたくなるのは無理もありませんが、結論からいうと、それが不可能なのです。

実は脳というのは非常に慎重かつ精巧な仕組みを持った臓器で、血液によって脳に運ばれてくる物質のうち、神経細胞が吸収していい物質とダメな物質を選り分ける「血液・脳関門」という、いわば「関所」が存在するのです。

まず、脳の毛細血管では、血液中の物質の脳内への「入口」が極めて制限されていて、じわじわとは漏れ出さない特殊な構造を持っています。さらには、その毛細血管と神経細胞のあいだに、その名のとおり星のような形をした「星状神経膠細胞（グリア細胞）」が介在して、脳内を行き来する物質の、いわば「毒見役」を果たしているのです。

これはどちらも脳に特有の現象です。通常の毛細血管にはところどころに「接着斑」と呼ばれる継ぎ目があり、そのすき間から漏れ出た物質を吸収する形で、血液中の栄養素や酸素は各細胞に運ばれます。ところが脳の毛細血管にはこのすき間がないうえに、血管と細胞が直に接していないので、血液が運んできた物質の通れる道がひとつのルートに限られ、その道は血液・脳関門という関所に通じている。そこで審査を受けなければ、何者もなかには入れず、迂回もズルもできないよう、厳重にガードされているのです。

この「関所」でシャットアウトされる物質に、まずDNAなどの遺伝物質があります。たとえば牛肉を食べた人間の脳細胞に、その牛のDNAが取り込まれてしまうなどという恐ろしい事態が起きないのも、「血液・脳関門」のおかげなのです。

また、セロトニンのような神経伝達物質も、肉や卵のタンパク質を胃や腸で分解し、そこから血液によって運ばれてくるアミノ酸を材料に、脳のなかで一からつくる約束です。よってサプリメントで〝手っ取り早く〟摂った神経伝達物質に、関所はダメを出します。

最近はアタマをよくするという触れ込みで「ギャバ（GABA）」入りのチョコレートなどがさかんに商品化されていますが、これら「自称・脳に効く健康食品」をどんなに食べたところで、アタマはよくなりません。なぜなら神経伝達物質・GABAは関所でブロックされてしまい、肝心の脳には入れないのですから。

どんなに「脳にいい」とされる物質も、脳は「横入り」を許さないのです。

73

赤ちゃんの脳には栄養も有害物質もすべて運ばれてしまう

脳にいい物質をサプリメントで摂ろうにも、「血液・脳関門」という関所を設けて、立ち入ることすらできないようにする脳とは、裏を返せばそれだけ特別で大切な臓器です。ただし、生後半年から一年くらいまでの子どもの脳のなかでは、実はこの脳を守るための自衛システムが、OFF状態にあるようなのです。

脳をつくるのに忙しいこの時期、赤ちゃんの脳は多くの栄養を必要とします。ブドウ糖にアミノ酸に脂肪と、ありとあらゆる栄養を取り込もうとするために、関所のチェックがつい甘くなり、誰にでも門戸を開いて、どんな栄養も貪欲に摂取しようとするのです。

つまり、もし脳に有害な物質が入ってきても、赤ちゃんの「血液・脳関門」はブロックできない状態にある。それだけに、乳児が口にするものや生活環境には注意が必要です。

「鉛」「マンガン」「水銀」などの重金属類、「PCB（ポリ塩化ビフェニール）」「ダイオキシン」といった「内分泌攪乱物質」は、今この時にも赤ちゃんの脳を脅かしています。

鉛は、古い水道管が使われている住宅の蛇口をひねった直後の水道水や車の排気ガスにも含まれ、「注意欠陥・多動性障害」の原因は排気ガスによる鉛中毒ともいわれます。

その鉛を含むガソリンに代わって登場したのが、いわゆるハイ・オクタン・ガソリンですが、こちらはこちらでマンガンを含み、海外の科学メディアや脳科学者の間では「マンガンを過剰に取り込むと、脳内のセロトニンが減少し、暴力的・衝動的性向が増加する」、あるいは「学習障害の原因になる」などと指摘されてもいます。

また、二〇〇三年に厚生労働省がキンメダイやメカジキなど魚類に含まれる微量の水銀が胎児の成長に影響するとして、妊婦は食べ過ぎないよう呼びかけて話題となりましたが（二〇〇五年にはクロマグロなど計十六種類に関する摂取量のガイドラインを提示）、アメリカでも母胎や母乳を通じて子どもの脳に蓄積された水銀が、小児自閉症などの神経発達障害の原因になる可能性があると、注意を促しています。

これらの有害物質と、胎児・乳児の脳の発達障害の関連性については、あくまでもまだ「可能性」の域を出ませんが、脳の「関所」が開いている時期だけに、注意するに越したことはありません。

もちろん妊娠中・授乳中のお母さんの「喫煙」や「飲酒」の害も同様です。

また、一歳以上でも、過度のストレスや携帯電話の電磁波によって脳関門は開くとする学者もいます。幼い子に携帯電話を持たせるようなことは、やはり避けるべきでしょう。

74

脳の「輸送体」がスムーズに機能するための食事

「脳にいい」からといって、特定の食品ばかり食べたりサプリメントに頼りすぎたりすると、かえって脳内のアミノ酸バランスは崩れ、脳の活動に支障をきたすことになります。

たとえば、必須アミノ酸を手軽に摂れるとして今流行《はや》りのアミノ酸系飲料に含まれる「分岐鎖アミノ酸」（バリン、ロイシン、イソロイシン）は、実はもともと多くの食品に含まれるアミノ酸です。

「脳の神経伝達物質を増やすために、タンパク質を摂ろう」と、牛肉をたくさん食べながら、アミノ酸系飲料を飲んだとします。すると、その人の血液中には分岐鎖アミノ酸ばかりがやけに増え、たとえば神経伝達物質・セロトニンの材料となるトリプトファンをせっかく摂っても、脳には届かないという困った事態が起こります。

これは、脳に運ばれる物質には、「血液・脳関門」でのチェックに加えて、「輸送体」による選別が行われるために起きる現象です。神経伝達物質のセロトニンは「関所」で止められて脳に直接入れませんが、その材料のトリプトファンには「通行許可」が出ます。このとき血液・脳関門は、許可を出した物質に対していわば「乗り物」を指定し、特定の物質が、特定の「輸送体」に乗ってしか、脳に入れないよう振り分けます。

実は脳のエネルギー源・ブドウ糖もこの輸送体によって脳に運ばれていて、脳はそうやって出入りする物質を管理しているのです。

ところがアミノ酸だけでも二十種類あるのに、血液・脳関門にあるのは十数種類の輸送体だけ。これでは、どう考えても乗り物が足りません。そこで、たとえば「中性アミノ酸輸送体」というひとつの乗り物に、トリプトファン、チロシン、ヒスチジン、メチオニン、さらには分岐鎖アミノ酸などが一緒に乗りあうことで事態を解決しようとするのですが、実はそううまくもいかないのです。

たとえばアミノ酸系飲料を飲んで、分岐鎖アミノ酸のような「多数派」が先に乗り込んでしまうと、トリプトファンのような「少数派」は乗り物を追い出されてしまうのです。つまり貴重なトリプトファンを含む食品をせっかく食べても、それを脳のなかまで運ぶ輸送体が定員オーバーでは、脳はセロトニンをつくることができないのです。

このようにひとつの輸送体に複数のアミノ酸が乗りあって脳に運ばれ、それを材料にして神経伝達物質がつくられる以上、アンバランスは禁物で、脳のためにはいろんな食品を食べること。まして小さな子どもに、サプリメントなど必要ありません。

75
寝る前の一杯のホットミルクが「セロトニン」を増やす

子どもの脳に不可欠な神経伝達物質・セロトニンの材料でありながら、輸送体から追い出されやすい必須アミノ酸・トリプトファンを、では、どう摂ればいいのでしょう。

そのカギを握るのが、実は「糖」なのです。

トリプトファンを含む食品にはたとえば牛乳がありますが、牛乳には「乳糖」も含まれます。すでに書いたように人間の体内ではブドウ糖や果糖、乳糖などの糖を摂ると、すい臓が刺激されて「インスリン」が分泌されます。

このインスリンは、アミノ酸が筋肉をはじめとする「カラダをつくるための栄養」として取り込まれるのを促進する働きもしているのですが、実はトリプトファンだけは、このインスリンの影響を受けないのです。

つまりタンパク質と糖を一緒に摂ると、「分岐鎖アミノ酸」のバリン、ロイシン、イソロイシンといったアミノ酸は、インスリンの掛け声につられて「カラダ用の栄養」として駆り出されていくのに対して、トリプトファンにだけはインスリンの声が届かないので、

「脳のための栄養」としてそのまま温存されます。
その結果、「血液・脳関門」で「中性アミノ酸輸送体」に乗りこむ時点では、他のアミノ酸がカラダ用の栄養にまわされたことで量を減らしているぶん、血液中のトリプトファン濃度は相対的に高くなります。こうなればシメたもので、いつもは大きな顔をしている「多数派」の分岐鎖アミノ酸たちにも、本来は「少数派」であるはずのトリプトファンは十分対抗でき、今度は乗り物を追い出されなくても済むようになるのです。

いわば、分岐鎖アミノ酸という威張りんぼうのガキ大将たちの興味を「カラダづくり」に向けさせ、大人しいトリプトファンがちゃんと輸送体に乗れるようにしてくれるのが「糖」で、トリプトファンをより効率よく脳に取り込むことができるように働いてくれる、賢い味方。そして、この糖のおかげで無事運ばれてきたトリプトファンを原料にして、脳のなかでは神経伝達物質・セロトニンがつくられ、これが子どもの情緒を安定させ、安眠を促し、コミュニケーション能力すら向上させるのです。

たとえば就寝前に、ちょっとお砂糖を入れたホットミルクを飲むと、大人でもなんとなく気持ちが安らいで、ぐっすり眠れそうな気分になるものですが、睡眠中の子どもの脳内で、セロトニン神経系をより活性化させるためにも、この一杯のミルクは有効なのです。

76

脳にはオリーブオイルよりゴマ油がいい

脳の乾燥重量の約五〇パーセントは「脂肪」。この脂肪も、脳の発達期に不足すると、重大な支障をきたすことにもなりかねない栄養素のひとつです。

ちなみに、栄養学の世界では体内に存在する「脂質」に関してはすべて脂肪といい、「脂肪酸」「中性脂肪」「コレステロール」などを広く示します。

そして、脳の脂肪でとくに多いのが、「多価不飽和脂肪酸」と「コレステロール」で、子どもの脳を育むためにはこの二つの脂質の摂り方が、重要なカギを握ります。

脂肪酸には「飽和脂肪酸」と「不飽和脂肪酸」があり、前者は肉類など動物性の食品に、後者はサラダ油など植物性の食品に多いことが知られています。

この不飽和脂肪酸は、さらに炭素の結合構造の特徴から、①オリーブオイルに含まれる「オレイン酸」などの「モノ不飽和脂肪酸」、②「多価不飽和脂肪酸」の二つに分かれ、多価不飽和脂肪酸のなかでも、

● サフラワー油やゴマ油に含まれる「リノール酸」をはじめとする「n－6系必須脂肪

酸」（「ｎ－６」はエヌマイナスシックスと読む）

●魚に多い「α－リノレン酸」をはじめとする「ｎ－３系必須脂肪酸」が、とりわけ脳の発育には欠かせません。

イワシなどの魚の脂に含まれ、「頭がよくなる」と評判の「ドコサヘキサエン酸（ＤＨＡ）」や「エイコサペンタエン酸（ＥＰＡ）」は、このα－リノレン酸から合成されます。また、最近話題の「アラキドン酸」も、リノール酸を材料に体内で合成されます。

「必須」とあるように、脂肪酸にも体内で合成できるものとできないものがあり、人間にとっては「多価不飽和脂肪酸」が「必須脂肪酸」になります。たとえば、オリーブオイルに含まれる「モノ不飽和脂肪酸」のオレイン酸は体内でも合成できるのですが、「ｎ－３系」のα－リノレン酸も「ｎ－６系」のリノール酸も、それを含む食品を食べることでしか摂ることができません。

つまり、「健康的な油」として人気のオリーブオイルより、むしろサフラワー油やゴマ油が「脳にとって健康的な油」「脳の発育に欠かせない必須な油」なのです。脳の発育に必要不可欠なのに「必須脂肪酸」である、この「ｎ－３系」「ｎ－６系」の上手な摂り方が「脳のための栄養学・脂質編」の第一のポイント。脂質も「質」が大事で、ＤＨＡやアラキドン酸にしても、なぜそれが脳にいいのか、正確に理解することがまずは大事です。

77

魚のDHAが脳を「やわらかく」する

最近はDHAの人気もあって、「魚を食べるとアタマがよくなる」ともっぱらの評判です。しかし「脳のための栄養学」の視点からいえば、魚の脂に含まれるDHAやEPA、その出発物質であるα－リノレン酸といった「n－3系必須脂肪酸」が、「脳の細胞膜をやわらかくする」「アタマをやわらかくする」というのが、正確なところです。

私たちの脳のなかでは「神経細胞（ニューロン）」の間を「神経伝達物質」が行き交い、電気信号の授受や化学反応を繰り広げることで、情報のやりとりをしています。

たとえば子どもの情緒を安定させるなど、重要な働きをする神経伝達物質・セロトニンが、ある神経細胞に情報を抱えてやってきたとしましょう。セロトニンがめざす先は、その神経細胞の表面にある「セロトニン受容体」で、セロトニンが持ってきた情報はここで電気信号に変換されて、その神経細胞に伝達されます。

いわば自分を受け入れてくれる「器」なり「ポスト」なりを見つけて結合し、情報を手渡して初めて、セロトニンのメッセンジャーとしての仕事は無事完了となります。ところが、この受容体がなかなか顔を出してくれない場合があるのです。

セロトニン受容体は各細胞の「細胞膜」に埋まっていて、その細胞膜の硬さによって頭を出したり引っ込んだりします。細胞膜の主成分は「リン脂質」で、このリン脂質がどんな脂肪酸で組成されているかによって細胞膜は硬くもやわらかくもなる。つまり受容体が埋まっている「土」の成分が、情報伝達の効率、つまり「流動性」を左右するのです。

基本的に「飽和脂肪酸」が多いと、リン脂質内の組織がギッシリと緊密になるので膜は硬くなり、受容体は土のなかから顔を出しにくい。セロトニンがせっかく情報を手にやってきても、受け止める相手の顔が見えないわけです。

逆に「不飽和脂肪酸」が多いと、脂肪酸の結合にすきまができ、やわらかい土になるので、受容体は膜の外に顔を出しやすく、セロトニンは情報を伝えやすくなるのです。

つまり各神経細胞の膜の柔軟性を高め、情報伝達の効率を上げるには、不飽和脂肪酸を脳内により多くすることが必要で、なかでも必須脂肪酸の「n－3系」のα－リノレン酸や「n－6系」のリノール酸は、体内ではつくれないので食品から摂るしかないのです。

ここではセロトニンを例に挙げましたが、その効果はドーパミンやノルアドレナリンなど、すべての神経伝達物質に共通です。脳内のありとあらゆる情報伝達をスムーズにし、学習効果や記憶力を高める魚類は、子どもの食事に積極的に取り入れたいものです。

78

サプリメントで摂ったＤＨＡは脳細胞を老化させる

アタマをよくしようといって、ＤＨＡやＥＰＡをサプリメントで摂ると、実はかえって脳内環境を悪くしたり、脳細胞の老化を引き起こすことになりかねません。

たとえばＤＨＡは脂肪酸、つまり「酸」です。酸ということはＤＨＡサプリメントを開封したとたん、空気中の酸素と結合して酸化がはじまります。この過酸化されたＤＨＡが脳内に入ると「活性酸素」の発生源になり、脳はむしろ厄介者を抱えてしまうのです。

脳がブドウ糖をエネルギーに変える際には、酸素を必要としますが、その酸素の約二パーセントは活性酸素に変わって、脳内の脂質の、とくに「ｎ－３系」や「ｎ－６系」など大事な必須脂肪酸に悪さをしたり、いわば脳のお荷物になります。しかしそれはエネルギーを得るための「税金」のようなもの。脳はその活性酸素から身を守る防衛機構くらいはちゃんと備えている（スーパオキシド・ジスムターゼなどの酵素がそれにあたる）のですが、かといってサプリメントで摂った酸化したＤＨＡまでは対応できないのです。

その点、魚を食べてＤＨＡを摂る場合は、抗酸化作用のある「ビタミンＥ」なども一緒に摂ることになるので、活性酸素が過剰に増えることはありません。

魚にしろ何にしろ、自然界に生きる動植物は、自らを酸化から守るためにビタミンEやポリフェノール類といった抗酸化物質を必ず備えているので、ＤＨＡにしても天然の食材からなら、活性酸素の心配をすることなく、安心して摂ることができるのです。ところがサプリメントは、良心的な製品ほどＤＨＡだけを純粋に取り出していますから、ビタミンEなどの抗酸化物質が一切含まれない「純化されたＤＨＡ」を、しかも酸化された状態で摂取することになります。

すると脳のなかでは活性酸素がどんどん発生して、さすがの防衛機構もお手上げ状態。脳内環境は悪化していき、アタマはどんどん悪くなるし、脳の神経細胞の老化まで起こる……と、脳にいいどころか、悪いことだらけです。

そもそも「血液・脳関門」はサプリメントで摂った物質をブロックしかねないので、どんなに「アタマにいい」物質も自然の食材を「食べて」摂るしかなく、ＤＨＡを摂るなら魚を食べて摂ること。基本的に自然のものを食べているかぎり、悪いことはありません。

ただし、自然の食材を食べていても、脂質を摂るなかでは、このＤＨＡサプリメントの酸化と同じような事態が起こる場合があります。それが揚げ物です。

揚げ物は、二百度近い高温で調理しますから、殺菌の面ではなかなか優れた調理法です。だからコンビニ弁当などではコロッケや唐揚げなど揚げ物のおかずがよく用いられるのでしょうが、実はこの高温調理こそが、脂質にとっては少々困った事態を生むのです。

広く油は高温で処理されるほど酸素を吸います。たとえば魚のフライの場合、魚と揚げ油の間では脂質の交換が行われ、魚は揚げ油に含まれた酸素ごと、自分に取り込みます。そしてその揚げ油は温度が高いほど酸素を多く吸っている。要は酸化しているわけです。

つまり高温でカラッと揚がった揚げ物ほど、その酸化した揚げ油に含まれる過酸化物質をより吸収することになり、それを食べた子どもは魚だけでなく、過酸化脂質まで一緒に食べることになる。とくに何度も使ってどす黒くなったような油は、過酸化脂質のかたまりのようなものですから、脳にもカラダにもいいわけがありません。家庭でキレイな油を使って、たまにする揚げ物くらいなら問題はありませんが、どんな油で揚げられているかわからない市販の揚げ物やコンビニ弁当ばかり食べさせている場合は注意が必要です。

サフラワー油やゴマ油など、「n-6系必須脂肪酸」の出発物質である「リノール酸」を含む油を使っても、この世に酸素があるかぎり酸化には勝てません。

これらの「脳にいい油」にしても、料理の仕方としては、なるべく常温から低温、たとえばドレッシングなどで摂ったほうが、その「よさ」の恩恵にあずかることができます。

79

脳には大事なコレステロール

子どもの脳の発育に、もうひとつ欠かせない脂質が「コレステロール」です。

コレステロールは脳において、

① 神経細胞の軸索に巻きついて、伝達効率を高める絶縁体「ミエリン鞘」の成分となる

② ストレスや血糖の調節に関係のある「糖質コルチコイド」や、ミネラルの代謝の調節に関与する「鉱質コルチコイド」、「男性ホルモン」や「女性ホルモン」、「ビタミンD」などの合成材料となる

といった働きをしています。

脳の神経細胞は、それぞれ「軸索」と呼ばれる突起を伸ばし、その先端から電気信号をやりとりして、情報を伝え合っています。この軸索に薄い膜のように巻きついて、信号が混線するのを防ぎ、情報伝達を迅速に行えるようにするのが神経膠細胞「ミエリン鞘」で、この絶縁体が機能するおかげで、ある部分の伝達速度は百倍以上にも高まるといいます。このミエリンを構成する成分が、コレステロールやＤＨＡといった脂質なのです。

また、ビタミンA、D、Eといった脂溶性ビタミンは、その名のとおり脂肪に溶けて体内に入りますが、コレステロールからは、脂肪を腸管から吸収する際に重要な働きをする「胆汁酸」が合成されます。この胆汁酸が不足すると、脂肪を小腸からうまく吸収できず、これらのビタミン類をせっかく摂っても、十分脳まで運ばれません。

魚類、とくにウナギに多く含まれるビタミンEには、脳内に発生した活性酸素に攻撃され、酸化した「n－3系」や「n－6系」の必須脂肪酸をもとに戻す（還元する）働きがあります。いわば脳内の「活性酸素の掃除役」として、身を挺して働いてくれるのです。

また、太陽を浴びたり、日に干した乾物などを食べることで摂取できるビタミンDには、脳の神経細胞に働きかけて、神経成長因子の分泌を促進する働きがあり、妊娠中の母親にビタミンDが極端に不足すると、胎児の脳の発育に影響が出るともいわれています。

最近は「脂肪がつきにくい」などとうたった人工油が人気ですが、これにはコレステロールばかりでなく、DHAなども含まれていませんので、こうした人工油を常用していると、せっかくの栄養も脳に届きません。メタボを気にする親は人工油を使うとしても、子どもの食事にはごく普通の油、天然素材の油を使うようにしましょう。

そしてこのことは、「大人のための栄養学」と「子どものための栄養学」は、常に分けて考えるべきだということを教えてくれる象徴的な一例ともいえます。

めまぐるしい勢いで成長をとげる子どもの脳とカラダは、大人とは比べものにならない切実さで、より多くの、より良質な栄養を欲しています。だからこそ「子どものための栄養学」「子どもの脳を創るための栄養学」が求められていいはずなのですが、栄養学が医学としてではなく農芸化学の一分野として発展してきた日本では、そうした視点が育ってこなかったと、ある学者は指摘しています。実際、国立大の医学部で栄養学を扱っているのは東京大学や大阪大学などごくわずか。子どもの脳と大人の脳はどう違うのかという脳科学の知見が、これまで栄養学に取り入れられることもほとんどなかったといいます。

しかし栄養に関しても大人と子どもでは事情が違い、「カラダのための栄養学」と「脳のための栄養学」にも大きな違いがあることが、最近の研究ではわかっています。

脳が発達期にある十二歳までにどんな栄養をとるかは、のちの脳の成長を考えるうえで非常に重要です。私たち大人が「子どものための」「脳のための栄養学」という視点を持つだけでも、毎日の食卓に注ぐ目が少し変わってくるかもしれません。

80

子どもにとって納豆はDNA修復作業を邪魔する要注意食品

大人にとってはカラダによく、しかし子どもにとってはあまりよくない食品はわりあいに多く、なかでもわかりやすいのが「納豆」です。

納豆は、原料の「大豆」からして良質の植物性タンパク質を多く含み、たとえば朝食に一品添えるには理想的な食品のひとつ。豆腐とともども日本が誇る代表的健康食品です。

ただ、これが子どもにとってとなると、実はいいことばかりともいえないのです。

ネックとなるのが大豆に含まれる「ポリフェノール」。その含有量が、たとえば豆腐より多い納豆は、子どもにとっては有害とはいわないまでも、「要注意食品」となります。

ポリフェノールは活性酸素を除去し、老化まで防止する、「抗酸化作用」が注目を集める健康ブームきっての超人気者。もとは植物の色や香りのもととなって虫を呼び寄せ、繁殖活動を促進したり、厳しい自然環境から強力な抗酸化能力で身を守るなど、植物が自分が生きるために備えた物質です。自然界には約八千種類ものポリフェノールがあります。

人間はいわばその抗酸化能力の「おこぼれ」をいただいているわけですが、ポリフェノールに関してはさらに、発ガン抑制、動脈硬化の予防、今話題のピロリ菌に対する殺菌作用なども報告されており、確かに大人には「カラダにいい」物質といえるでしょう。

その一方で、あくまで「植物のため」に存在するポリフェノールには、鉄、亜鉛、カルシウムなどの「ミネラル類」の吸収を抑制してしまう働きがあります。脳が出来上がっている大人はともかく、多くのミネラル分を必要とする脳の発達期にポリフェノールを摂りすぎると、その発育の妨げになる可能性があるのです。

また、近年報告されているもので心配なのが白血病との関係です。人間のカラダには、地球に生きる限り常に活性酸素や紫外線によって傷つけられるDNAの傷の手当をする、数種類の「DNA修復酵素」が備わっています。とくに成長期にある子どもはDNAの増殖が盛んなぶん、修復工事も大忙しで、多くの修復酵素が必要です。その酵素のひとつ「トポイソメラーゼⅡ」の働きを大豆ポリフェノールが阻害することがわかったのです。

つまり大豆ポリフェノールがこの酵素の働きをストップさせると、DNAの修復作業はうまく進まない。そして、幼ければ幼いほど傷つきやすい子どものDNAは手当されないまま放置される。その傷ついたDNAが白血病の発症につながるのではないかと懸念されているのです。小さな子どもには大豆は与えるべきではないと提唱する研究者もいるほどで、ある地方では豆乳を子どもに飲ませないよう運動しているグループもあるようです。

81

大豆が男の子を女の子化させる？

大豆に含まれるポリフェノールは、女性ホルモン「エストロゲン」と構造が非常に似ていて、「豆腐を食べると肌がキレイになる」などと、女性誌ではよく特集が組まれます。

それこそ大豆ポリフェノールの一部は「植物性エストロゲン」とも呼ばれるほどで、豆腐は女性には格好の美肌食品。また、アメリカの研究者の間では、東洋の女性に乳がんが少ないのは豆腐をよく食べているからだとして豆腐の乳がん予防効果に注目する向きも多く、逆に近年では日本人の食の欧米化が乳がん発生率の増加を招いているともいわれます。

その一方で、女性ホルモンにそれほど構造の似ている物質を、まだ小さな子どもがたくさん摂っていいものなのかと、危険性を指摘する研究者もいます。個人差はもちろんあるものの、脳の機能にも男女差はあります。たとえば立体的・空間的な認知能力に関してはおおむね男性脳のほうが優れ、言語中枢に関しては女性脳のほうが発達していて、だからパイロットは男性に多く、通訳は女性に多いなどともいわれます。近年ではＭＲＩやＰＥＴといったイメージング装置を使って生活脳の内部を映像化できるようになり、脳の「男らしさと女らしさ」についても、より明確に解明されつつあります。

　まだ確証は得られていませんが、男性性と女性性がはっきり発現する前の子どもの脳に、エストロゲンとほぼ同じ構造を持つホルモン性物質が大量に与えられれば、その影響はいずれ脳の変化として現れてもおかしくないというのが、研究者の危惧するところです。

　これはラットの実験ではありますが、生後から十日ほどの間、メスの赤ちゃんラットに男性ホルモンを投与し続けると、そのラットは大人になってからオスの行動パターンを示し、同じ時期にオスの赤ちゃんラットの精巣を除去すると成長後はメスの行動をとることがわかっています。ただし人間の場合は、母胎にいる間にほぼ性的な分化が確定するとされ、ラットと一緒にはできないものの、少なくとも「第二次性徴」（声変わりなど、十～十二歳ごろ）へ向けて性的にだんだん成熟していく時期の男児が、女性ホルモンに似た物質の影響をあまり強く受けるのは、やはり好ましいとはいえません。

　本来ホルモン性物質は体内でつくられるべきもので、食品やサプリメントで摂りすぎると、体内の分泌メカニズムが逆に損なわれる可能性があります。いくら美容にいいからといって豆腐ばかり食べていると、自前のエストロゲン分泌が疎かになりかねませんので、お母さん方はご注意を。子どもの場合はポリフェノールの弊害もあり、とくに男の子は大豆製品の摂りすぎには注意するに越したことはありません。

82

水分補給にはお茶より水やジュースを

ポリフェノールを多く含む「豆類・ナッツ類・ゴマ類」、カフェインの多い「コーヒー」はもちろん、かの有名なカテキンを含む「緑茶」や「紅茶」「ウーロン茶」といったお茶類、そして「ココア」や「チョコレート」も、摂りすぎには慎重になるべきです。

子どもには十分な水分補給が欠かせませんが、お茶よりは水やビタミン類の多いジュースを与え、寒い日にはココアよりホットミルク。おやつはタンパク質を含むクッキーやプリンで糖分の効果的な補給を図り、チョコレートを食べたかったらチョコはチョコッと。

緑茶の緑、赤ワインの紫など、ポリフェノールは植物の色素に含まれることが多く、チョコレートの茶色はエピカテキンです。チョコレートの原料・カカオには「エピカテキン」という抗酸化物質が含まれ、その量は緑茶の四倍もあります。子どもが食べるならエピカテキンを含まないホワイトチョコレートのほうがまだよいといえます。

最近では黒ゴマなど「黒い食べ物」も大人気ですが、子どもにはあまりおすすめできません。黒っぽい食品＝大人にはよくても、子どもはほどほどにと考えるといいでしょう。

ただしポリフェノールは、米や野菜や果物など、それこそ植物出身の食品全般に含まれる物質なので、「絶対摂ってはダメ」とヒステリックになるのではなく、「なるべく摂りすぎないようにする」のが賢明な態度です。

大豆食品にしてもそう。大豆は「畑のお肉」とも称されるように、植物性でありながらアミノ酸バランスの面でも栄養効率の面でも、肉類にも匹敵するほどの良質なタンパク質を含みます。その「恩恵」にはあずかりながら、「害」はなるべく遠ざけるのが、どんな食材にも通ずる賢い食べ方なのです。子どもが食べるなら納豆より豆腐、でも納豆だって少し食べるくらいはＯＫというように、大らかに考えましょう。

よほどの有害物質を含まない限り「ひとかけらでも口に入れたとたん、病気になる・死んでしまう・脳が育たなくなる」などという食品は、少なくとも自然界にはそうはありません。だから食べるものはなるべく自然の「生き物」から摂ったほうがいいのです。

植物性にしろ、動物性にしろ、私たち人間がこの地球に同じく生きる「いのち」をいただきながら生きる以上、その植物には植物なりの、動物には動物なりの、事情や「いいところ・悪いところ」があって当たり前。そこを踏まえたうえで、なるべく子どもにとって「いい栄養」を、冷静に選ぶことが、親のつとめなのです。親たちが神経質になりすぎて「食べるのが大嫌いな子」になってしまったら、元も子もありません。

83

カレーの食べすぎが注意欠陥・多動性障害の原因に？

子どもに人気のメニューといえば、今も昔もカレーライス。昔からは考えられないほど口の肥えたグルメ時代の子どもにして、やはりカレーは好物の王道なのです。

ただし、食べすぎはいけません。肉や野菜をたっぷり食べられて、ごはんも進むカレーは、確かに栄養バランスからしても悪くないのですが、問題はカレー粉、スパイスです。

インドはもちろん、気温も湿度も高い亜熱帯地域などでは、スパイスは食欲を増進させるだけでなく、体内活動を活性化させ、食中毒を防ぐ、なくてはならないもの。薬として扱われるスパイスさえあります。日本でも「スパイスは代謝を上げてダイエットにいい」「カレーを食べるとボケない」などといわれ、実際、カレー粉に含まれる「サルチル酸」や「クルクミン」には「アルツハイマー病」を防止する効果が報告されています。

「サルチル酸」はポリフェノールの仲間にあたる「フェノール酸」の一種で、ポリフェノール同様「抗酸化作用」があります。また、アスピリンの合成材料に用いられるように「解熱」「鎮痛」「抗炎症作用」があり、近年ではアスピリンを常用している人にアルツハイマー病や大腸癌、動脈硬化などの心臓血管病が少ないことから、サルチル酸はこれらの予防にも効果があるとして、目下研究が進められています。

サルチル酸はリンゴやキウイ、イチゴやブドウなどの果物、カリフラワーやブロッコリー、キュウリやナスなどの野菜、醬油やソース、酢にも含まれますが、とくにカレー粉には多いのです。果物や野菜に含まれるサルチル酸は一〇〇グラムあたり数ミリグラムですが、カレー粉は二〇〇ミリグラム以上。仮にアスピリンを常用して大腸癌を防ごうとしたとき、毎日飲まなければならない量が、カレー粉五〇グラムに含まれる計算になります。

ですから大人はボケ防止、成人病防止のために、どんどんカレーを食べるべきだとする研究者もいるのですが、これが子どもの場合、サルチル酸にアレルギー反応を示す例が少なくないのです。アスピリンに対しても同様の症状を示す子どもがいますが、「喘息《ぜんそく》」「頭痛」「じんましん」「手足の浮腫《ふしゅ》」「胃痛」、悪くすると「血圧低下」「意識不明」を引き起こす「アナフィラキシー」という状態に陥り、死に至ることすらあります。

アメリカでは子ども用にサルチル酸を除いた食品が販売されていて、「注意欠陥・多動性障害」の子どもにこれらの食品を与えると症状が改善したとの報告もあります。

「今日はカレーよ」というと子どもは大喜び。だからこそ、わが子の「カラダの反応」もよく観察しながら、カレーはあくまで「特別な日」に楽しむようにしましょう。

84

煮干のカルシウム、ホウレンソウの鉄は脳内の情報伝達を活発にする

カルシウムというと「骨」を連想しがちですが、実は脳にも欠かせない栄養素です。カルシウムは人間の体内にもっとも多く存在するミネラルで、その九九パーセントは骨や歯にあります。しかし、脳の神経細胞にも〇・一パーセントと、ごく微量のカルシウムが存在し、脳内の情報伝達活動に大きな働きを果たしています。この微量なのに不可欠な脳のカルシウムが不足すると、脳はまず血液中から、次に骨や歯から、何とかカルシウムを調達して、情報伝達をスムーズに行おうとします。ところが、子どもの骨も歯も成長中ですから、自分のことで手一杯なのです。

そもそも幼児で一日五〇〇ミリグラム、学童では六〇〇〜七〇〇ミリグラムと、子どもは大人以上にカルシウムを必要としています。この時期のカルシウム不足は脳にもカラダにも深刻なので、煮干や干しエビ、イワシの丸干しや牛乳といった食品で、カルシウムを日常的に摂るようにしましょう。

また、血液中の鉄分が不足する、いわゆる貧血も、脳に供給される酸素の不足を引き起

こします。脳はブドウ糖をエネルギーに変える際、酸素を使いますが、この酸素の運搬役をつとめるのが血液中の「ヘモグロビン」です。その成分となる鉄分が不足すると、ひいてはブドウ糖もエネルギーに変われないことになります。

つまりせっかく朝ごはんを食べてブドウ糖を摂っても、脳のパワーにならないために、脳はまたもやガス欠状態に陥ってしまうのです。

とくに胎児期を含めた脳の発達初期の鉄不足は、どんなにあとから鉄を補給したところで改善されず、深刻な脳の発育不良を引き起こすといわれます。とりわけドーパミン系、セロトニン系、ノルアドレナリン系の神経伝達機能が低下することがわかっています。

たとえば、母親の胎内に鉄分が欠乏した状態で育った子どもの五歳時点での「脳力」を調べると、「言語能力」「運動能力」「従順さ」において、鉄分を十分摂った母親から生まれた子どもより劣るとした調査があります。

また、新生児期に鉄不足状態にあった子どものその後を追った調査でも、貧血経験児童はすべての成績で劣り、情緒不安まで抱えていることがわかりました。かといって、赤ちゃんに鉄剤を与えることもできないので、妊娠中・授乳中のお母さんは、鉄分をなるべく摂るよう心がけましょう。

鉄分には、レバーなど肉類に含まれる「ヘム鉄」と、ホウレンソウなど野菜に含まれる

「ノンヘム鉄」があります。このノンヘム鉄はポリフェノールによって吸収が抑制され、逆にビタミンCによって促進されるという特徴があります。またポリフェノールはドーパミン受容体の働きに関わる「亜鉛」の吸収も抑えてしまうので、食事の際の飲み物はポリフェノールを多く含むお茶より、水やビタミンCの多いジュースがおすすめです。

苦手なホウレンソウを頑張って食べても、お茶を飲んでしまったら水の泡で、鉄分も、亜鉛も、その摂り方が肝心なのです。

85

ほどよい量のビタミン類が脳には欠かせない

ビタミンA、D、E、Kといった「脂溶性ビタミン」は、血液中の脂質タンパク質に含まれる脂肪に溶けて脳へ運ばれ、それぞれ重要な役割を果たしています。そもそもビタミンとは「体内では生成されず、微量ながら重要な働きをする有機化合物の総称」と定義されるように、食品などからの摂取を怠ると特有の欠乏症が見られることでも知られます。

まず、カルシウムの吸収を促し、骨を丈夫にする「ビタミンD」の不足は「くる病」(脊椎湾曲などの化骨異常)の原因となります。かつてその予防には肝油(タラの肝臓の抽出成分)が用いられ、「アン肝」や「すじこ」にもビタミンDは多く含まれます。

ただしビタミンDは、今日ではステロイドホルモンに分類されるように、むしろホルモンに近い物質で、過剰に摂取するとかえって全身のカルシウム代謝に支障をきたし、とくに妊娠中の過剰摂取は胎児の発育障害の原因となるとされています。

ビタミンDは体内ではコレステロールから生成されますが、そのとき必要なのが紫外線。妊娠中の母親や成長期にある子どもは一日一度は太陽を浴び、体内のビタミンD生成を促しましょう。子どもは日光さえ浴びていればビタミンD補給の必要はありません。

またレバーに多い「ビタミンA」は、ニンジンやカボチャなど緑黄色野菜に多い「β－カロチン」が分解されることでも生成されます。鉄分の脳への輸送や細胞分化、免疫に関係し、妊娠中に不足すると胎児の成育に影響したり、遺伝子の発現異常が起きることが知られます。かといって摂りすぎると奇形児が生まれる可能性もあるとされています。

このほか「ビタミンE」には先に触れたように強力な抗酸化作用があります。ポリフェノールの恩恵にあずかりにくい子どもの脳内の活性酸素除去には「ウナギ」や「サフラワー油」が有効ですが、これも摂りすぎると胃腸障害を起こすので気をつけましょう。

また血液の凝固に不可欠な「ビタミンK」は、「海苔」「ワカメ」「シソ」に多く含まれます。最近では妊娠中に不足すると、赤ちゃんに脳室萎縮や精神遅滞が起こる例が報告され、注目されています。過剰摂取の副作用としては血栓があり、ビタミンKをもっとも多く含む食品として知られる「納豆」を食べる日本人は、大人でも注意が必要です。

このように脂溶性ビタミンは、摂りすぎても足りなくても問題のある、なかなかに厄介なビタミンなのです。とくに妊婦は注意が必要で、厚生労働省の『日本人の栄養所要量食事摂取基準』では、年齢別および妊娠中・授乳中の所要量に加えて、「許容上限摂取量」を定めています。これらを参考に、あくまで「適量」を摂るようにしたいものです。

86

「脳のための栄養学」はアタマを「よく働かせる」ための栄養学

一方、ビタミンB、Cなどの「水溶性ビタミン」は、その名のとおり水に溶けるビタミンです。脳内では「血液・脳関門」を基本的に通ることができず、限られた「バイパス」を通って脳へ運ばれる、脳にとっては摂りにくいビタミンです。

しかし摂りにくいからといって、要らないわけではありません。

たとえば「ビタミンB1」は、脳がブドウ糖をエネルギーに変える際に重要な働きをしています。ブドウ糖は、細胞質内で「ピルビン酸」という物質に分解され、これがさらに「活性酢酸」(アセチルCoA)という物質に変化し、そこで初めて脳はブドウ糖をエネルギーとすることができます。このエネルギー変換の過程を「細胞内呼吸」といいます。

このときピルビン酸が活性酢酸に変化する場合の補酵素として働くのが、ビタミンB1なのです。したがってビタミンB1が不足すると、脳はせっかく摂取したブドウ糖をエネルギーに変えるきっかけを得られず、パワー不足に陥ってしまうのです。

また、この活性酢酸と「コリン」を原料に合成されるのが、学習能力や記憶に関わる神経伝達物質「アセチルコリン」です。ビタミンＢ１が不足すると活性酢酸が順調につくられず、アセチルコリンも合成されにくくなるので、記憶力の低下を招きかねないのです。

ちなみにコリンは、大豆やナッツ類に多く含まれる「ホスファチジルコリン」が分解されてできる「準ビタミン」です。準ビタミンとは、体内でも生成されるため、厳密にはビタミンの定義にあたらないものの、必要量を満たすには食品で摂る必要がある物質をいいます。ホスファチジルコリンも体内合成では必要量を満たせないので、ビタミンＢ群に分類されています。

このホスファチジルコリンを多く摂った母親から生まれた子どもは、そうでない子どもより、ＩＱが高いとした調査結果もあります。ただし子どもの場合はポリフェノールの問題があり、記憶力を高めようとして大豆やナッツ類を食べすぎるのは禁物です。

ビタミンＢ１を多く含む食品には豚肉、ハム、ウナギ、たらこなどがあります。ゴマ、大豆、落花生にもＢ１は多く含まれますが、ポリフェノールの弊害には注意が必要です。さらに、コーヒーやお茶の「カフェイン」や「タンニン」はＢ１の脳内での作用を阻害し、生魚にもビタミンＢ１の破壊酵素があるので、食べすぎには注意しましょう。

このほか「ビタミンＢ群」は、「ビタミンＢ２」や「ナイアシン」（正確にはトリプトファンを材料に体内で合成される非ビタミンだが、一般にはビタミンＢ群に分類）など、脳がブドウ糖をエネルギーに変える「細胞内呼吸」に関して、それぞれ重要な働きをしています。

とくにビタミンB2は、脳内の活性酸素除去に関わり、大人と違ってポリフェノール類の抗酸化作用の恩恵にあずかりにくい子どもには格好の「代用品」です。豚や牛の「レバー」や「干し椎茸」「岩のり」といった乾物類を毎日の食卓にうまく取り入れ、子どもの脳を活性酸素から守りたいものです。

一方、記憶や情緒の安定、感受性にも関わる物質として最近注目されているナイアシンは、レバーのほか「鶏肉」や「たらこ」「イワシの丸干し」「鰹節」「スルメ」に多く含まれます。近年では、脳内に発生する「酸化窒素」が記憶と深く関わっていることが明らかになっており、その合成にもビタミンB2とナイアシンが不可欠です。

さらに脳内のアミノ酸代謝のカギを握り、セロトニンやドーパミンなど神経伝達物質の合成に欠かせないのが「ビタミンB6」です。このB6が乳幼児期に慢性的に不足すると、「小赤血球性貧血」や「知能発育不全」を引き起こすとされています。授乳中は「カツオ」「マグロ」といった赤身の魚、「肉類」や「レバー」を意識的に摂ること。また、ビタミンB6は熱に弱いので、粉ミルクや牛乳を温める際は熱しすぎないことが大事です。

このほか、ヘモグロビンに含まれる「ヘム」の合成に関与し、不足すると脳を鉄欠乏に陥らせる「葉酸」は、その名のとおり「ホウレンソウ」など葉類に含まれます。欠乏すると遺伝子発現の調節異常を招き、「レット症候群」や「小児自閉症」「うつ病」の原因になるとも指摘されています。また、柑橘類やパセリなどに多い「ビタミンC」は、脳のなかでノルアドレナリンが合成される際の「補酵素」として働き、広くビタミン類は脳の直接の栄養にはならずとも、他に代わるもののない働きをする、なくてはならない栄養素なのです。

水溶性ビタミンは一度にまとめて摂りにくいからこそ、日常的に摂るよう心がけたいものです。仮に摂りすぎても、余分は尿によって体外に排出されるので、脂溶性ビタミンと違って害はなく、サプリメントを併用しても水溶性ビタミンの場合は問題ないでしょう。

脳の活動とは、細胞同士が電気信号をやりとりしながら情報伝達を繰り広げる「情報ネットワーク活動」です。私たちが口にする食べ物は、次なる活動を喚起する「信号」として働いたり、他の信号を働かせるために働いています。つまり脳内の信号を伝えやすくするのも食べ方ひとつ、アタマがよく働くのも食べるもの次第なのです。

アタマは「いいか・悪いか」「よくなるか・どうか」より、「よく働くか・どうか」。

「子どもの脳のための栄養学」の基本は、より活発で、健やかな脳の活動をめざすことにあり、子どもが自分なりの才能や能力を最大限発揮できるようにする栄養学なのです。

第八章　脳を育てるしつけの方法

87

ガマンは「人間らしさの脳」前頭連合野を育てる

自分は本当はこうしたい、でもみんなのために今はガマンしようと自分の欲求を抑えることも、社会で生きていくなかでは必要なことです。

このガマンを脳科学的にいうと、「本能の脳」である「大脳辺縁系《だいのうへんえんけい》」で生じる好き・嫌いなどの原初的な感情や意欲・欲求が、「英知と人間らしさの脳」である「大脳皮質《だいのうひしつ》」のなかの、とりわけ「前頭連合野《ぜんとうれんごうや》」（二三ページ図2参照）という領域において、その他の情報とあわせて総合的に処理され、「今はじっとガマン」という最終的な行動判断が下されるといったところでしょうか。やりたいことをガマンする、悪いことはしないというのも、この前頭連合野の働きによるもので、いわゆる「キレる子ども」にしても前頭連合野の発達に何らかの問題があるのではないかと、脳科学者たちの間では考えられています。

この前頭連合野の働きを確かめる方法に、「ストループ効果」という検査があります。

被験者の前に、「あ」「い」「う」などの文字が赤や青や黄で印刷されたカードをランダムに示し、最初は「赤色の『あ』」のカードならその文字を読んで「あ」、「青色の『お』」

なら「お」と答えさせます。そのあとで「今度は色を答えてください」と言って、同じようにカードを順に示し、「赤色の『あ』」なら「赤」、「黄色の『い』」なら「黄」と答えるのが正解。大人でも「赤」と答えなければならないところを、ついつい「あ」と文字につられて答えてしまったり、結構なスピードで出題されると、なかなか難しいのです。

このとき脳のなかでは、「赤色の『あ』」のカードの文字をつい読もうとする本能を、「違う、今は色を答えなければならないんだった」と、司令塔である前頭連合野が判断・抑制し、要するに「あ」と答えたい気持ちにガマンをさせて、「赤」という答えを声に出す行動へと導いています。

もちろんこれ自体は単なるテストですから、別に間違ったからといって自分がガッカリするだけですが、小さなガマンも大きなガマンも、脳のなかの働きとしては基本的にこれと同じ経緯をたどります。

そして、この「ガマンに関する脳内回路」もまた、育てなければ育たないのです。

脳というのは基本的に、使わないとその機能は育たないという特性があります。何かをガマンするには、ガマンする経験をたくさん積むことが、それに対応する脳内の回路を発達させることにつながる。その回路を使えば使うほど処理能力は高くなり、使わないとどんどん鈍くなるという点では、いわば筋肉と同じです。「体力温存」「脳力温存」などといって使わずにいると、脳も筋肉も衰える一方で、せっかくの宝も持ちぐされです。今日使ってこそ明日の脳は育ち、前頭連合野も筋肉と同じく、毎日のトレーニングがあってこそ、その能力を十分に発揮できるのです。

ほしいものは周りの大人が何でも買ってくれて、お菓子もほしいだけ食べたら、あとはいらないといってポイ。誰かと譲り合ったり、分け合ったり、ときにはケンカをしてでも奪い合ったうえで、相手の気持ちを考えるとか、双方折り合いをつけてガマンするといった経験が、現代の子どもに少なくなっているのは事実です。もちろん、いつもガマンしてばかりで、素直な自分の気持ちを発散できなくなるのもよくありませんが、たとえば、

● 公園に遊びに行って、一つしかないブランコに、みんなで順番に乗ったら、みんなが楽しそうで何となく気分がよかった

● 「今日は公園でちゃんと列に並んで、えらかったね」と、お母さんがほめてくれた

……など、子どもが「ガマンをすると、いいこともある」ということも含めて体験できるような「社会的な環境」を、できるだけ与えることが大切です。

誰かと何かを分け合い、譲り合い、ガマンできるのも、「人間らしさの脳」である前頭連合野の発達した人間ならでは。そして、人間ならではの高度な情報処理を担うこの前頭連合野は、譲り合い、ガマンする経験を積み重ねることによっても、発達をとげるのです。

88

子どもは「その場で叱れ」の脳科学

脳の働きには基本的に、何かの刺激に対して、時間的により近いものを結びつけて反応しやすいという特徴があります。

たとえば、ものすごく喉が渇いている人の目の前に水があるとして、それを飲めば苦しみから解放されるという「快感」があるからこそ、その人はその水を飲むことを欲します。人間は誰しも、それをするとおいしかったり、楽しかったり、いいことがあったりと、快感のより多い行動を好むものですが、何かをした直後にいいことがあるとか、悪いことが軽減されるといった「報酬」が、脳のなかでは「行動」と結びつけて情報処理されます。

一方、子どもを叱るときは「その場で叱る」ことが大事だとよくいわれます。子どもが何か悪いことをしたら、その「直後」に叱れと。これは、何か悪いことをしたその子どもの「行動」と、叱られるという「懲罰」のあいだに時間差がありすぎると、小さな子どもにはその行動と懲罰を結びつけて考えられなくなるからで、「懲罰」に関しても「報酬」

の場合と同じような処理過程をたどります。

「パヴロフの犬」として知られる条件反射の実験では、ある犬に餌を与えるとき毎回必ずベルを鳴らしていたところ、犬はそのうちベルを鳴らしただけでも唾液を分泌するようになりました。このことから生理学者・パヴロフは、ベル自体は別に美味しいものでなくても、行動の連続性や習慣性によって「ベルの音」→「餌にありつける」→「唾液が出る」といった反応が起こりうるという、条件反射のメカニズムを発見しています。

ところがこの「ベルの音」と「餌にありつける」を時間的に離すと、犬は両者の関係をとたんに見いだせなくなり、唾液は出なくなります。つまり「ベルの音」と「餌」が時間的に近かったからこそ、その犬の脳のなかでは二つを結びつけることができたわけです。

同じように「水を飲む」→「美味しい」といった「行動と快感・報酬の関係」も、「悪いことをする」→「叱られた」という「行動と懲罰の関係」も、人間とはいえ、まだ発達初期にある小さな子どもの脳においては、時間的なブランクがないほうが結びつけやすいのです。

つまり子どもは、脳科学的にも「その場で叱れ」なのです。

89

「計画性」も前頭連合野の発達とともに育まれる

さて、その場でほめられたり叱られたりしなければ、自分の行動と報酬・懲罰の関係をうまく結びつけられなかった子どもの脳のなかに、やがて「前頭連合野」の発達とともに培われていくのが「時間の概念」です。目の前の「現在」と、前や後ろにへだたった地点にある「過去」や「未来」とを、人間はやがて「時間」という概念を持ち込むことで、一つの流れのなかにとらえることができるようになります。

高次脳機能の発達に伴い、報酬なり快感なりが、行動した「直後」に得られなくても、その行動と報酬との間に因果関係を見いだせることで、将来のために今はガマンをしたり、努力したりできるようになるのです。今頑張っても、合格という報酬が得られるのは一ヵ月なり一年なり先だというときに、それでも受験のために今日勉強するといったことができるのは、他の動物にはない「人間らしい」能力のひとつです。

いわば私たち人間が努力できるのも、この時間の概念があるおかげで、将来的な報酬のために「計画を立てる」ことができるのも、人間ならでは。目の前の木の実をただ採って食べるだけでなく、半年後、一年後の収穫のために、田畑を耕し、米や野菜を育て、より大きな実りを得ることもできる人間は、動物のなかで唯一の「計画性の動物」なのです。

とはいえ、その計画性も、生まれたばかりの子どもの脳に、はじめから備わっているわけではありません。生まれたての脳は時間軸を理解することができず、時間の概念も、計画性も、あくまで経験によって育まれるものです。

たとえば小学校に上がったばかりの子どもが四十分間、かたい椅子に座って先生の話をじっと聞いているには、相当な努力やガマンを要求されますが、そこまでした報酬はというと、いつかもわからないくらいにずーっと先のほうにある。そこは先生の技量次第でもありますが、毎日の授業にちょっとずつでも楽しいことがあるように工夫したり、「これは決まりだから」「ルールだから」と理解させるなかにも、子どもがそれを学ぶことの喜びを感じられるような瞬間を、あいまあいまにちりばめてあげることが大切です。

また家庭でも、「宿題と、ごはんと、お風呂と、テレビと、歯磨きと……さて今日は、どの順番で、何を何時からしようか?」と、一日の計画を子どもなりに立てさせたり、「これを全部片付けてから遊ぼうね」と、物事に常に順番をつけて考えさせる経験を積ませましょう。すると、最初は「やりなさい」と言われるからやらされていたことも、やっているうちに、「ゲームは宿題をやってからだよね」「何時から観たいテレビがあるから、

何時までにお風呂に入らなくちゃ」などと、だんだん主体的・積極的にできるようになっていきます。

何かを「できる」「できるようになる」ということ自体、子どもにとってはかけがえのない快感であり、報酬ですし、それをお母さんやお父さんがほめてくれたら、もっともっとうれしい報酬になる。そうこうするうちにも子どもは計画することをおぼえ、今はガマンしてでも努力すること・頑張ることをおぼえ、「人間らしさの脳」である前頭連合野にしても、だんだんに発達をとげるのです。

90

親の笑顔が、脳のごほうび「ドーパミン」を分泌させる

臨界期の脳においては「よく使った機能は生き残り、使われない機能は淘汰される」といいましたが、臨界期・発達期に限らず、脳の働きを活性化させるのが「ごほうび」——専門用語でいうところの「報酬系」のホルモンです。

代表的なものとしては、「ドーパミン」があります。これは脳幹内の「A10（腹側被《ふくそくひ》蓋《がい》野《や》）」と呼ばれる神経系から分泌される神経伝達物質で、「快楽のホルモン」などとも呼ばれています。一方で「脳内麻薬」ともいわれるドーパミンは、過剰に分泌されると幻覚や妄想を症状とする統合失調症を引き起こし、反対に分泌量が低下すると手足の筋肉を自由に動かせなくなるパーキンソン病になります。

Ａ10神経から伸びた神経突起は、「大脳辺縁系」の「扁桃体《へんとうたい》」（好き・嫌い・怖いなど、本能的な感情をつかさどる）や「側坐《そくざ》核《かく》」（意欲・ヤル気をつかさどる）、さらには、人間ならではの高度な思考や意思決定、創造や感情制御に関して情報処理を執り行う「大脳皮質」の「前頭連合野」にまで達し、その突起の尖端からドーパミンは放出されます。とく

に、オデコの裏あたりにある前頭連合野の「帯状回前皮質《たいじょうかいぜんひしつ》」には、「スピンドル・ニューロン」と呼ばれる特殊な神経細胞があり、この部分にドーパミンがたくさん放出されると、人はいわゆる「幸せな感じ」をおぼえるのではないかと指摘する脳科学者もいます。また、このスピンドル・ニューロンは、過度なストレスにさらされ続けると細胞自体が縮小し、幸福感や充実感を感じにくくなってしまうといいます。

さて、ある行動を起こして、報酬系ホルモン・ドーパミンが脳内に放出されると、その行動はドーパミン放出の事実とともに「海馬《かいば》」に記憶されます。海馬というのは、アルツハイマー型認知症に関する報道などでよくその名を耳にするように、広く「記憶」をつかさどる非常に大事な部位です。脳内のあらゆる情報はこの海馬にいったん短期保存され、何を残すべきか否かが取捨選択されたうえで、大脳皮質で長期的に保存されます。

要するにその行動をとると結果的にいいことが起きるかどうか、脳のなかでは自分の取った行動に関する情報が、いわばドーパミン放出という「幸せ認定シール」を貼って記憶されているのです。面白いのは、いかにも幸せそうで楽しそうな行動だけでなく、努力をしたりガマンしたり、あるいは失敗したり、心身にストレスのかかる行動にも「幸せ認定シール」は貼られる――つまりドーパミンの放出が起きることが、最新の脳研究ではわかってきているのです。

うれしい・楽しいといった「いい感情」をともなうからドーパミンが分泌されるというよりは、大失敗したり大変な思いをしたり、むしろ感情が大きく揺さぶられるような「重要な行動」をしたときに、報酬系ホルモンは分泌されるようです。

このことは「努力→目標達成→報酬」という図式が、脳レベルでも成り立つことを示しています。今はつらいけど、頑張って目標を達成すれば、または、失敗してもその失敗を次に活かすように努力すれば、ドーパミンという「ごほうび」がもらえるんだということを、脳そのものが知っています。一度や二度の失敗ではへこたれない、むしろその負の経験をバネにすることまで知っているなんて、私たち人間の脳は本当に賢くてたくましい。

そして「こんなことをすると脳のなかで報酬系のホルモンが出る」という「経験→記憶」を何度も重ねるうちに、脳はよりごほうびのもらえそうな行動をとろうとするばかりか、報酬系ホルモンは脳の活動そのものを活発にすることが実はわかっているのです。

これは動物を使った一九九三年のアメリカでの実験で、ドーパミンが分泌されているときの脳内では、記憶に関わる部位・海馬において各神経細胞がさかんに樹状突起＝いわば信号をやりとりするための「アンテナ」を伸ばし、情報伝達がより活性化していたという結果が得られています。

また、怒った顔と笑った顔では笑った顔、それもより親しい人の笑顔が、脳にとってはより強い刺激を与えるという報告もあります。

報酬・ごほうびといっても、「今度のテストで一〇〇点を取ったら〇〇を買ってあげる」といった報酬ではないのです。とりわけ臨界期・発達期にある子どもの脳にとっては、自分のとった行動に対する周囲の「反応」が何よりの「ごほうび」。このことをしたらお母さんが笑った、あのことをしたらお父さんがなんだかうれしそうだった、ほめてくれたという「行動→反応」の積み重ねが、脳のなかによりバラエティに富んだ回路をつくり、バランスよく定着させるのです。

その点では、いけないことをしたら叱るという「反応」も、なくてはならない〝報酬〟だといえ、失敗や涙だって糧にできるのが人間の脳。逆にいえば、子どもが何をしようと親関せずの「無反応」や「無関心」は、臨界期の脳にとっては最悪の〝懲罰〟なのです。

目に見えるごほうびなんか何も買ってあげなくていい、「よくできたね」「わー、すごいんだ」といって「反応」する親たちの「笑顔」こそが、子どもにとっては最高の報酬です。そして、その脳のなかではドーパミンが分泌され、本人の充実感と、大好きな親の笑顔と、報酬系ホルモン・ドーパミンの分泌という、三拍子揃った「幸せな経験」として、その子の脳に記憶されるのです。

「脳科学と子育て研究会」とは

現代の子育てをめぐる状況に危機感を抱く有志の教育者、ジャーナリストなどが集まり、2005年に結成。文部科学省による『「脳科学と教育」研究に関する検討会』や、理化学研究所脳科学総合研究センター（理研ＢＳＩ）の「脳を育む」プロジェクトなど、子どものこころやカラダに起きているさまざまな問題と脳機能との因果関係を探る研究に着目し、脳科学の第一線で活躍する研究者や医師たちに独自に取材を重ねてきました。また、子どもの置かれている現状を多角的にとらえようと、保育園や幼稚園、ＮＰＯなどで子どもと日常的に接している方々の、現場ならではの意見の収集にも努めています。

このたび、その成果を、本書『６歳までにわが子の脳を育てる90の方法』として刊行するにあたり、ご協力いただいた科学者・研究者は以下の方々です。

＊　宮内庁皇室医務主管　金澤一郎氏
＊　東京北社会保険病院副院長　神山潤氏
＊　独立行政法人理化学研究所脳科学総合研究センター
　　津本忠治氏
＊　大阪大学名誉教授　中川八郎氏
＊　国立精神・神経センター神経研究所　中村克樹氏
＊　埼玉大学教育学部准教授　野井真吾氏
＊　東京大学大学院新領域創成科学研究科准教授
　　久恒辰博氏
＊　独立行政法人理化学研究所脳科学総合研究センター
　　ヘンシュ貴雄氏

（50音順）

6歳《さい》までにわが子《こ》の脳《のう》を育《そだ》てる90の方法《ほうほう》

2007年11月8日　第1刷発行

著　者　脳《のう》科《か》学《がく》と子育《こそだ》て研究会《けんきゅうかい》

発行者　野間佐和子

発行所　株式会社講談社

東京都文京区音羽2-12-21

郵便番号112-8001

電　話　出版部　03-5395-3516

販売部　03-5395-3622

業務部　03-5395-3615

印刷所　慶昌堂印刷株式会社

製本所　株式会社上島製本所

ISBN978-4-06-213655-6

N.D.C.376 288p 19cm